FREI CLARÊNCIO NEOTTI

São Benedito
HOMEM DE DEUS E DO POVO

EDITORA
SANTUÁRIO

DIREÇÃO EDITORIAL:
Pe. Fábio Evaristo Resende Silva, C.Ss.R.

CONSELHO EDITORIAL:
Pe. Ferdinando Mancilio, C.Ss.R.
Pe. Marlos Aurélio, C.Ss.R.
Pe. Mauro Vilela, C.Ss.R.
Pe. Victor Hugo Lapenta, C.Ss.R.
Avelino Grassi

COORDENAÇÃO EDITORIAL:
Ana Lúcia de Castro Leite

REVISÃO:
Cristina Nunes

DIAGRAMAÇÃO E CAPA:
Bruno Olivoto

Dados Internacionais de Catalogação na Publicação (CIP)
(Câmara Brasileira do Livro, SP, Brasil)

Neotti, Clarêncio
    São Benedito: homem de Deus e do povo / Frei Clarêncio Neotti. – Aparecida, SP: Editora Santuário, 2016.

    ISBN 978-85-369-0464-1

    1. Benedito, Santo, 1525-1589 2. Santos cristãos – Biografia I. Título.

16-06783   CDD-282.092

Índices para catálogo sistemático:
1. Santos: Igreja Católica: Biografia 282.092

2ª impressão

Todos os direitos reservados à EDITORA SANTUÁRIO – 2017

Rua Pe. Claro Monteiro, 342 – 12570-000 – Aparecida-SP
Tel.: 12 3104-2000 – Televendas: 0800 - 16 00 04
www.editorasantuario.com.br
vendas@editorasantuario.com.br

INTRODUÇÃO

São Benedito é dos santos mais invocados no Brasil. Mas a literatura em torno dele como religioso franciscano é pequena entre nós. Bem mais forte e vasta é a literatura folclórica em torno dele. E as festas em sua honra brilham pelo sincretismo, pelas tradições orais e pela marca popular. Bem-vindas todas as festas populares! São encantadoras! São sempre razão de encontro comunitário. Bem-vindas todas as festas que envolvem as famílias, o bairro, os velhos e os jovens! A alegria dos encontros é força prodigiosa para enfrentar as dificuldades da vida cotidiana, que se somam e multiplicam ao longo do ano, de festa a festa.

Essas reflexões em torno de São Benedito não olham tanto para o folclore, mas para a história do santo, bastante mal contada oralmente. Não olham tanto para as tradições populares transmitidas de pai para filho e por isso sempre com novos temperos e devoções, mas para os documentos, que não deixam o santo virar mito e perder as qualidades e os defeitos humanos, que tornam o santo um dos nossos, quase diria, um como nós, se nós conseguirmos ser como ele. Vamos ler cada dia um pedaço da Bula de Canonização de São Benedito. Ela foi escrita em 1807. É a primeira vez, se não estou enganado, que a temos em português. Bula é a biografia oficial – embora resumida – escrita para a canonização, com a história do processo canônico de beatificação. Tudo o que vem dito na Bula é documentado historicamente. É, portanto, a biografia mais segura de um santo.

Vamos ler também, cada dia, o depoimento de um contemporâneo de São Benedito, gente que conheceu São Benedito e conviveu com ele. São depoimentos prestados sob juramento para servirem de prova de que São Benedito viveu em alto grau as virtudes cristãs. Como foram prestados sob juramento, temos certeza de que são verdadeiros e de que assim aconteceram.

Escolhi também para cada dia uma página de um autor do nosso tempo, ou seja, depois de 1989, quando se celebrou em todo o mundo o quarto centenário de sua morte, sobre uma virtude do santo. Assim, podemos unir os que viveram no tempo de São Benedito com os que vivem hoje. Eles e nós falamos bem de São Benedito. Eles e nós temos em São Benedito o exemplo de discípulo do Senhor, de consagrado a Deus e inteiramente dedicado ao serviço dos necessitados.

Lendo os documentos históricos escolhi dezoito qualidades e em cada um dos dezoito dias apresentei uma delas. Todas essas qualidades visíveis na vida de São Benedito são qualidades que todos gostaríamos de ter. Elas não são excepcionais, no sentido de inacessíveis ou reservadas para poucos. Elas são do nosso dia a dia, ao nosso alcance: humildade, penitência, fé, obediência, contemplação, simplicidade, caridade, alegria, bom senso, trabalho, paciência, aconselhamento, piedade eucarística, devoção mariana, coração aberto para todos, mão abençoadora, consolador dos aflitos e, por causa de todas elas, a piedade.

A oração, cada dia, é feita, pedindo essas qualidades a Deus, doador de todas as graças, por intercessão de São Benedito. A oração serve também de lembrete: eu preciso me esforçar para viver a qualidade que peço a Deus por intermédio de São Benedito; eu preciso viver de tal modo que todos os que vivem comigo percebam minhas qualidades e se sintam bem a meu lado. Não posso ser bom sozinho. Preciso ser bom no meio dos outros. É conhecida a frase de Santa Teresinha: "Quem se santifica santifica o mundo", ou seja, minha comunidade melhora, se eu

Introdução

melhoro; minha comunidade cresce, se eu cresço; minha comunidade será mais família de Deus, se eu me evangelizo cada dia. São 18 reflexões, ou seja, duas novenas completas. Elas estão enumeradas. Mas não precisam ter uma sequência obrigatória. Sobretudo se a novena for particular ou em pequeno grupo. Se a novena for em âmbito paroquial ou de comunidade, pode-se escolher num ano os primeiros nove títulos e no ano seguinte os outros nove títulos. Também podem ser escolhidos de forma salteada. Se parecer muito comprida, podem-se escolher alguns pontos. A novena oferece ainda outras possibilidades. Por exemplo, escrever em cartazes as frases de São Benedito e levar a comunidade a refletir sobre elas. Nada impede que se intercalem cantos.

São Benedito não deixou nenhum livro, nenhum folheto escrito. Aliás, ele não sabia nem ler nem escrever, como a grande maioria dos homens e das mulheres do seu tempo. Ser analfabeto não é impedimento para a mística, para a santidade. De dentro dos depoimentos de seus contemporâneos, selecionei frases que eles disseram ter escutado de São Benedito, ou que ele costumava repetir em seus conselhos.

Uma palavra quanto ao dia em que se celebra a festa de São Benedito. Depois da reforma litúrgica promovida pelo Concílio Vaticano II, que se encerrou no dia 8 de dezembro de 1965, a festa foi fixada no dia 5 de outubro, um dia depois da festa de São Francisco. No dia da canonização, sua festa havia sido fixada no dia 4 de abril, dia de sua morte, data ruim para celebrar um santo, por causa da coincidência com a Semana Santa ou Páscoa ou sua oitava. No Vale do Paraíba, SP, sua festa foi celebrada ainda antes da canonização na segunda-feira de Pentecostes; depois, passou para a segunda-feira da Páscoa, até hoje. No Espírito Santo, desde meados de 1700, São Benedito foi celebrado no dia 27 de dezembro e continua nos dias de hoje. No Amazonas ocupa todo o mês de dezembro, envolvendo o natal e o ano novo. Também na Venezuela e Peru nosso santo é festejado em dezembro. No Nordeste muitas comunidades continuam a celebrá-lo na segunda de Pentecostes.

5

No Brasil São Benedito é o padroeiro da cozinha e das cozinheiras e cozinheiros. Nosso escritor Gilberto Freyre confundiu dois santos (Bento e Benedito, porque em francês os dois são "Benoît" e em italiano os dois são "Benedetto") e atribuiu erradamente o título de padroeiro da cozinha a São Bento, fundador dos beneditinos, que morreu em 547.

Chamo atenção para alguns irmãos leigos franciscanos, contemporâneos de São Benedito: São Sebastião de Aparício (1502-1600) que viveu no México e foi beatificado por Pio VI em 1789; São Pascoal Bailón (1540-1592), beatificado em 1618; São Serafim de Montegranaro (1540-1604), canonizado em 1717; São Félix de Cantalice (1513-1587), beatificado em 1625; frei Pedro Palacios (1500-1570), falecido em fama de santidade e venerado pelo povo brasileiro, não teve processo de beatificação e hoje seus ossos estão perdidos, ou melhor, misturados a outros frades mortos e postos todos em caixa comum por um descuidado restaurador do Convento São Francisco de Vitória, ES, onde, aliás, estavam sepultados vários Franciscanos mortos em fama de santidade.

Talvez seja bom ter a lista das principais datas da vida de São Benedito. Não há plena certeza sobre o ano de seu nascimento. A Bula de Canonização diz "em torno de 1524".

1545: aos 21 anos Benedito ingressa no grupo de eremitas, faz um ano de noviciado e emite votos religiosos.

14 de março de março de 1550: papa Júlio III aprova a regra de vida do grupo de eremitas reunidos em torno do franciscano frei Jerônimo Lanza.

10 de março de 1562: papa Pio IV suprime o grupo dos eremitas. A esta altura Benedito era o superior do grupo, porque Lanza havia morrido. Todo o grupo obedece: uns passam para os capuchinhos. Benedito passou para os Frades Menores ainda em 1562, como Irmão Leigo Franciscano, no Convento Santa Maria di Gesù, na periferia de Palermo, aos pés do Monte Grifone, que é parte da montanha chamada "Concha de Ouro".

1583: frei Benedito foi eleito guardião do convento. Ficou no cargo três anos. Começou a reforma do convento. Nos seguintes três anos tinha o cargo de "Vigário da Casa", ou seja, era o vice guardião.

4 de abril de 1589: terça-feira de Páscoa, entre 18 e 19h, morre frei Benedito, no convento, depois de um mês acamado, mas lúcido até o fim, aos 65 anos.

4 de maio de 1592: o corpo de Benedito é retirado do cemitério comum dos frades e levado à sacristia. O túmulo recebe a inscrição em latim: "Este homem é bendito (Benedictus) junto de Deus pelo nome que tinha e pela vida que levou".

5 de agosto de 1594: abertura do primeiro Processo diocesano. 97 pessoas, que conheceram frei Benedito, deram seu testemunho.

3 de outubro de 1611: o corpo de Benedito é levado da sacristia para a igreja. Continua incorrupto.

1622: abertura do segundo processo. Depuseram 68 testemunhas.

1626: Processo em Palermo. Depuseram 121 testemunhas.

1626: Processo em São Fratello. Depuseram 77 testemunhas.

1627: Os processos são enviados a Roma.

24 de abril de 1652: O Senado de Palermo o declara em ato solene e público copatrono e intercessor da cidade.

13 de abril de 1713: mandados abrir dois novos processos, um em Roma e outro em Palermo.

28 de setembro de 1715: faz-se o processo em Roma, para analisar o culto a Benedito na América Latina.

31 de julho de 1743: Bento XIV concede Missa e Ofício em honra do Bem-aventurado Benedito.

1763: Clemente XIII aprova o culto público e declara Benedito beato.

16 de março de 1776: a Congregação dos Ritos permite continuar o processo de canonização.

4 de abril de 1790: foram aprovados os dois milagres para fins de canonização.

25 de maio de 1807: Domingo da Santíssima Trindade, Pio VII canoniza São Benedito e estende sua memória litúrgica a todo o mundo.

Ainda uma palavra sobre a iconografia de São Benedito. Sempre vestido com o hábito franciscano, cingido com o cordão branco com os três nós (símbolo dos três votos: pobreza, castidade e obediência). A cor do hábito pode variar. Hoje seria marrom, mas em seu tempo variava de país a país, ora preto (como no Brasil), ora azul (como na Argentina), ora cinza (como na Itália). Pode vir com um galho de lírios na mão ou o galho segurado por um anjo, simbolizando sua vida pura; ou segurar a cruz, que simboliza sua devoção a Jesus ou sua grande caridade diante do sofrimento humano; ou com o Menino nos braços, que pode ser o Menino Jesus ou o menino que ele ressuscitou, pegando no colo e apertando-o sobre o peito; ou com o olhar para o alto, onde se vê uma Hóstia, para lembrar sua grande devoção para com a Eucaristia; ou com o rosário na mão para lembrar sua devoção terna para com a Mãe de Deus; ou ainda com pães na mão e o gesto de espremê-los, para lembrar a lição que passou nos noviços que jogavam no lixo pão envelhecido, dizendo-lhes que o pão era o sangue dos pobres; ou ainda com rosas ou flores (não encontrei em nenhuma das 275 testemunhas do processo a história do milagre das rosas, que diz que Benedito levava comida aos pobres e o superior o teria interpelado e, ao mostrar o que levava no avental, o superior só viu rosas; o fato até é inverossímil, porque era costume naquele convento distribuir toda a comida que sobrasse no almoço aos pobres. É muito provável que o milagre foi inventado, porque São Benedito preto e do povo teria poderes maiores do que a rainha Santa Isabel de Portugal, canonizada em 1625, de quem se conta o episódio das rosas e cujas igrejas no Brasil se multiplicavam ao mesmo tempo das de São Benedito. Isabel de Portugal é a padroeira dos padeiros, por esse "milagre" dos pães. Aliás, o mesmo episódio vem contado da tia-avó Santa Isabel da Hungria).

Mais uma observação: no Brasil facilmente se confundem as imagens de São Benedito e de Santo Antônio de Categeró. Nos depoimentos do processo de beatificação de São Benedito, alguns depoentes confundiram frei Antônio de Categeró com frei Ângelo de Categeró. O chamado Santo Antônio de Categeró, falecido em 1549, portanto em vida de São Benedito, em Noto, na Sicília, era africano de nascimento, capturado e vendido como escravo na Sicília. Impressionado com o comportamento de seus patrões, passou de maometano a cristão. Analfabeto, mas dotado de grande senso, tornou-se conselheiro de muita gente, foi libertado e passou a levar vida de eremita. Entrou na Ordem Franciscana Secular, por isso é representado em hábito franciscano. Morreu em fama de santidade, mas seu processo nunca foi adiante. O povo o chama de santo e celebra sua festa no dia 14 de março. Ângelo de Categeró era padre franciscano, foi confessor de São Benedito, morreu alguns anos antes e seu processo de beatificação foi oficialmente aberto pela diocese. Foi frei Ângelo que Benedito "viu" presente na cela (apesar de morto) e Benedito disse que o padre Ângelo de Categeró viera fazer-lhe uma visita. Os enfermeiros, mais tarde, nos depoimentos, confundiram Ângelo com Antônio, falando que frei Antônio de Categeró visitara Benedito. A palavra "Categeró" é corruptela de "cartagenês", ou seja, oriundo de "Cartagena", cidade e região africana; escreve-se também "catageró", ou "caltagirone" ou mesmo "calategerona".

Uma coisa são santos africanos, outra coisa são santos pretos. Entre os africanos estão o doutor da Igreja Santo Agostinho (354-430) e sua mãe Santa Mônica (332-387), os dois nascidos em Tagaste, hoje Argélia; o grande bispo São Cipriano (†258) e uma das mais populares santas de todos os tempos Santa Catarina de Alexandria, nascida e criada no Egito, invocada por todos os universitários europeus e levada à África e Américas pelos colonizadores; ainda hoje um estado brasileiro leva seu nome. Entre os santos pretos, além de São Benedito e Santo Antônio de Categeró – sem esquecer o lendário Rei Mago Baltazar, presente em todos os presépios – podemos mencionar Santo Elesbão (†523), rei da Abissínia que, depois de muitos feitos guerreiros, renunciou ao trono em favor do filho e passou a viver como eremita. Quase sempre junto com Santo Elesbão é venerada Santa Efigênia que, porém, não consta na lista dos santos e santas da Igreja. Ela é celebrada no dia 21 de setembro, mesmo dia do apóstolo São Mateus, que teria ido à Etiópia depois da Ascensão de Jesus. Mateus teria batizado a princesa Efigênia, que se teria tornado seu braço direito na difusão do Cristianismo. Em tempos mais recentes, lembremos Carlos Lwanga e 21 outros jovens ugandenses canonizados por Paulo VI em 1964. A sudanesa Josefina Bakhita, canonizada em 2002. Sem esquecer os brasileiros Nhá Chica (1810-1895) beatificada em 2013 e o filho de escravos Padre Francisco Victor (1827-1905), beatificado em novembro de 2015.

I

SÃO BENEDITO, HOMEM HUMILDE

Da Bula de Canonização

"O Apóstolo e Evangelista João, no Apocalipse, depois de ter contemplado a cidade santa, a nova Jerusalém, viu nela uma grande multidão, cujo número era impossível de calcular, de todas as nações, povos e línguas. Estavam de pé diante do Trono e do Cordeiro. Desta visão emerge principalmente a maravilhosa bondade de Deus e nosso Salvador que, querendo que todos os homens se salvem e cheguem ao conhecimento da verdade, chama todos à fé, não afasta ninguém e, por causa de sua imparcialidade, acolhe a todos os que se apresentam, seja qual seja a proveniência, cobrindo de dons todos os que o invocam. Por isso o divino Menino, nascido em Belém, quis manifestar-se a todos os povos e ser por todos adorado. E como recebera do Pai a promessa de que herdaria todos os povos e a terra inteira, mandou os apóstolos a pregar o Evangelho a todas as criaturas e decidiu que Paulo se tornasse, por meio de extraordinária vocação, o apóstolo e doutor dos pagãos, para que as oferendas dos gentios fossem agradáveis a Deus e santificadas pelo Espírito Santo.

Dentre a inumerável multidão de homens justos, Deus escolheu alguns, envolveu-os de extraordinário brilho de santidade, colocou-os entre os príncipes de seu povo nos céus e os pôs como que num candelabro para iluminar todos os que estão na casa e que ainda militam na Jerusalém terrestre, para que, com seu exemplo, entrem pelo caminho da virtude e os ajude com sua proteção.

Benedito de São Filadelfo (hoje São Fratello) nasceu da mesma estirpe dos Etíopes, da qual tinha nascido o poderoso eunuco da rainha dos etíopes, Candace, que, como sabemos dos Atos dos Apóstolos, foi batizado pelo apóstolo Filipe. O Senhor derramou sobre ele com tanta abundância as riquezas de sua bondade e o encheu de excelsas virtudes e celestes carismas que, já em vida, foi objeto de admiração e de exemplo para todos. É claro também, olhando para a vida de Benedito, que Deus se opõe aos soberbos, mas concede sua graça aos humildes. Deus escolhe os fracos para confundir os fortes. Elevou ao cume da perfeição e da santidade Benedito, embora fosse de humilde e desprezada condição. Nele, rude e analfabeto, Deus infundiu a ciência dos santos. Ele, que evitava com cuidado os elogios humanos, foi por Deus adornado com dons celestes. E isto de tal maneira que a fama de sua santidade se espalhou por toda a parte e alcançou outras nações."

Algumas explicações

Quando o papa canoniza um santo, escreve algumas páginas sobre a vida e as virtudes dele para justificar a canonização e também como documento de que o santo foi canonizado. Esse texto se chama "Bula". A Bula da canonização de São Benedito é longa. Em vez de escrever a biografia de São Benedito, preferi traduzir a Bula, porque os dados biográficos apontados na Bula são seguros e históricos. Facilmente na biografia de um santo se contam coisas "por ouvir dizer". Os dados da Bula

1. São Benedito, homem humilde

de canonização foram todos eles pesquisados e comprovados. Além do mais, a Bula é assinada pelo próprio papa.

O papa que canonizou São Benedito e assinou a Bula se chama Pio VII e foi papa de março de 1800 a agosto de 1823. Antes era monge beneditino. Foi eleito papa com 58 anos e morreu com 81. Pio VII sofreu muito com Napoleão, que o prendeu e o exilou em 1804. O papa só voltou ao Vaticano em 1814. A canonização de São Benedito foi feita no dia 25 de maio de 1807. Na mesma ocasião o papa Pio VII canonizou outros quatro santos. Observe-se que Pio VII morreu em 1823, portanto, era ele o papa, quando Dom Pedro I proclamou a Independência do Brasil, no dia 7 de setembro de 1822.

No trecho da Bula que lemos, o papa lembra o apóstolo Paulo e o etíope batizado por Felipe (*Atos dos Apóstolos* 8,26-40). Assim como Deus escolheu Paulo, escolheu também Benedito para ser um apóstolo do Evangelho. E assim como no início do Cristianismo um etíope, ou seja, um preto, foi agraciado por Deus, também Benedito, de cor preta, foi cumulado de graças. Às vezes lemos que Benedito era africano. Não. Ele nasceu na Sicília, de pais pretos e escravos. Não sabemos de que país da África poderiam eles ou seus avós ter vindo. "Etíope" nem sempre significa nascido na Etiópia. Era comum chamar os africanos de etíopes. Mas os etíopes cristãos se gloriam de São Benedito e o celebram com orgulho e amor.

A pequena cidade de San Filadelfo fica a 110 km de Palermo e não tem mais do que quatro mil habitantes. Foi fundada no século XI em lembrança dos três irmãos santos Álfio, Cirino e Filadélfio, celebrados no dia 10 de maio. Mais tarde o nome passou a San Fratello que, em dialeto, significa Santos Três Irmãos. As famílias do famoso ator Al Pacino e do Primeiro Ministro da Itália Bettino Craxi eram oriundas de São Fratello.

Depoimento de um contemporâneo

Frei Nicolau da Calábria, irmão leigo franciscano, tinha 65 anos quando depôs no processo de 1626 e disse ter conhecido Benedito quando era jovem Frade no Convento de Santa Maria de Jesus, e que tinha fama de santo, e ter convivido com ele durante quatro anos. Disse ter visto sua ardente caridade para com todos, sua grande vontade de converter os pecadores e salvar as almas. Disse também que ele falava sempre das coisas de Deus e consolava muito os aflitos e atribulados. Que era extremamente humilde em tudo o que fazia e que gostava de lavar os pés dos hóspedes que chegavam de longe e os recebia com muita amabilidade. Disse que fazia os serviços domésticos com o rosto sempre alegre e era muito sóbrio na comida.

Contou também que frei Benedito era pacientíssimo. Lembrou que uma vez alguém o xingou de "cachorro" e ele não respondeu palavra alguma, mas sentiu tanto que sofreu profuso sangramento pelo nariz. Disse ainda que muitas vezes, quando as pessoas vinham procurá-lo para conselho, ele chegava a dizer qual era a dificuldade antes de a pessoa falar. Disse que, no dia da morte de frei Benedito, ele estava em Bivona e assim que o povo soube, todos exclamavam: "Morreu um santo!". E disse que, anos depois, viu o corpo intacto, quando mudaram a sepultura, mas tinha sinais de decomposição na cabeça por ter ela ficado na umidade na primeira sepultura.

Uma frase de São Benedito

Recomendava-se aos confrades, dizendo: "Pobre de mim, sou um miserável pecador, ando cheio de soberba, pedi ao Senhor que me faça humilde".

Humilde e acolhedor

Depois de tanto tempo e de os tempos terem mudado tanto, as autênticas qualidades e virtude de São Benedito são ainda hoje reconhecidas. Assim como o ouro permanece ouro, sua vida, vivida na simplicidade, no amor e no esforço de ser útil aos outros permanece um valor em que se pode crer e confiar.

Conforta-nos pensar que, se existem pessoas que fazem falar de si por causa de suas malvadezas, muito mais numerosas são as que, no silêncio, fazem o bem e não pedem aplausos pelos

1. São Benedito, homem humilde

serviços prestados à humanidade. Nossa cidade tem precisão do exemplo destas pessoas e da esperança que nos deixam. Os tempos de hoje são certamente diferentes dos tempos de São Benedito. Mas as dificuldades materiais e muitas espirituais e morais são as mesmas e talvez maiores. A simplicidade de São Benedito e sua bondade nos mostram o caminho por onde devemos andar. A presença de tantos estrangeiros hoje, gente de cor, chegados de diferentes lugares e até mesmo de longínquas terras à procura de trabalho, nos obriga a sermos acolhedores como a Sicília o foi para Benedito (*Cardeal Salvatore, arcebispo de Palermo, em abril de 1989*).

Oração a São Benedito

Ó Deus, nosso Pai, escolhestes São Benedito para ser um modelo de humildade, a mesma virtude com que adornastes vossa Mãe Maria e a mostrastes bem presente na gruta de Belém e na cruz do Calvário. São Benedito podia dizer as mesmas palavras de Maria no *Magnificat*: "Deus olhou para a humildade de seu servo". O Livro dos Provérbios ensina que quem cultiva a soberba será humilhado por ela, mas quem cultiva a humildade será glorificado até às alturas do céu (*Provérbios*, 29,23). São Benedito cultivou ao longo da vida a humildade bem mais que um jardineiro cultiva as flores. Por isso ele foi exaltado como modelo de santidade. Ó Deus, nosso Pai, concedei também a mim a graça da humildade para que eu não procure elogios, aplausos e recompensas terrenas, que são sempre passageiras, mas a vossa glória agora e para sempre. Ajude-me vosso servo São Benedito. Por Cristo Nosso Senhor! Amém!

2

SÃO BENEDITO, HOMEM MILAGROSO

Da Bula de Canonização

"Foi conhecido em vida por extraordinárias virtudes e méritos. Morto, refulgiu por muitos prodígios e por todos aqueles sinais que indicam claramente ter sido acolhido nos céus com os santos do Senhor e ter recebido a recompensa eterna.

Aconteceu, então, que Deus se dignou manifestar a todos a santidade e a glória de Benedito por meio de milagres obtidos por sua intercessão e que seu culto se difundiu oficialmente em muitos lugares. Sabemos que só Deus, em sua bondade e misericórdia, pode fazer grandes milagres para ser sempre mais glorificado em seus santos.

Há tempo está pronto o exame sobre o culto popular a Benedito, o exame do esplendor de suas virtudes e o exame da veracidade de seus milagres, e tendo tudo sido feito como é prescrito pelas constituições apostólicas, nós, posto à frente do governo da Igreja Católica, não por méritos pessoais, mas pela misericórdia de Deus, dedicando todos os nossos esforços e os nossos cuidados à promoção do culto divino e ao crescimento da piedade dos fiéis, com o poder que nos vem da plenitude da nossa autoridade apostólica, decretamos conferir ao Bem-Aventurado Benedito as honras da veneração, confiando, com firme esperança em Deus, que Benedito, já seguro de sua salvação, se preocupe com solicitude também da nossa, rogando à divina clemência pela unidade de todos os povos, para que todas as nações saibam que não existe outro Deus fora do nosso."

Algumas explicações

O papa diz na Bula que o processo de canonização há tempo estava pronto. O primeiro processo começou já em 1594, cinco anos depois da morte de Benedito. Em 1622, começou um segundo processo, e em 1626 um terceiro, que foi interrompido até fins de 1713, quando se fez um quarto processo. Acontece que, nesse entretempo, o papa Urbano VIII baixou novas regras para a beatificação e canonização. Mas a esta altura, Benedito já era venerado como Santo em muitos países da Europa e da América e já havia muitas igrejas, até paroquiais, e irmandades que o tinham como padroeiro. O papa Clemente III, reconhecendo certo e verdadeiro o culto prestado ao frade siciliano, o beatificou em 1763. Nosso São Frei Galvão, ao escrever sua consagração perpétua à Imaculada Conceição, em novembro de 1766, enumera São Benedito entre seus padroeiros de especial devoção; chama-o, portanto, de santo.

Quando o bispo de uma diocese abre um processo de Beatificação, segundo as normas da Igreja, deve pedir licença à Santa Sé. Concedida a licença, o candidato a santo recebe o título de servo de Deus e venerável. O seguinte passo será provar que ele praticou em alto grau as virtudes da Fé, da Esperança e da Caridade (chamadas "virtudes teologais") e a Prudência, a Justiça, a Fortaleza e a Temperança (chamadas "virtudes cardeais"). Ao mesmo tempo são examinados seus escritos para ver se ele não desprezou alguma dessas virtudes ou alguma norma de moral.

2. São Benedito, homem milagroso

São Benedito não deixou nenhum escrito. Aliás, São Benedito, como muitos homens e mulheres de seu tempo, era analfabeto. Também Santa Rita de Cássia (1381-1457) era analfabeta; foi canonizada só em 1900. Também o Bem-aventurado Egídio de Assis, companheiro de São Francisco, falecido em 1262, era analfabeto, mas é sempre enumerado entre os místicos; seus amigos guardaram inúmeros ditos dele, o que não aconteceu com São Benedito; o papa Pio VI o considerou beato no dia 4 de julho de 1777, mas até hoje espera a canonização.

Depoimento de um contemporâneo

No processo de 1620, o padre Afonso Mendula, que era noviço no tempo de frei Benedito no mesmo convento e com ele conviveu três anos, conta que uma manhã chegou ao convento certo João Jorge Russo, famoso procurador da Corte. Com ele vieram a esposa e outras senhoras. Todos estavam aflitíssimos e choravam alto. Contaram ao padre Guardião que estavam vindo ao convento e quando passaram pela ponte Miraglia, os cavalos se espantaram, a carroça virou e um dos meninos ficou debaixo da carroça. Estava morto. E o menino estava aí morto nos braços da mãe e por isso todos choravam e pediam ao guardião que chamasse frei Benedito, na esperança de ele poder fazer alguma coisa pelo menino.

Afonso Mendula diz no processo que presenciou toda a cena, aliás, diz que o pranto era tão grande que todos os frades foram ver o que estava acontecendo na portaria. Frei Benedito chegou e, com muita serenidade, pediu que todos se ajoelhassem e rezassem à Santa Mãe de Deus, consoladora dos aflitos. Todos ajoelharam e rezaram. Frei Benedito se levantou, traçou o sinal da cruz na cabeça do defunto, acarinhou-lhe as faces e o morto começou a reviver. O menino falou e chorou junto com os familiares que estavam tomados de espanto e surpresa.

Todos tinha certeza que a graça da ressurreição se deveu à intercessão do servo de Deus Benedito. Acontecido o milagre, frei Benedito se retirou imediatamente para dentro do convento.

Uma frase de São Benedito

Filhos, tende fé e confiai na Santíssima Virgem. Tende fé e o Senhor vos atenderá.

O santo dos milagres

Em frei Benedito humildade e caridade se entrelaçavam, porque Cristo lhe aparecia nas pessoas mais atingidas pelas pequenas e grandes misérias que, por sua vez, descobriam no frade preto, dono de inesgotável paciência e qualidades infinitas, um extraordinário anjo consolador. Benedito é, sobretudo, o homem mandado pelo Senhor para mostrar a misericórdia e a realidade do sobrenatural. A paixão e o zelo pela salvação das almas o consumavam literalmente. O sofrimento do próximo o enternecia. Sua oração era para todos. E com a oração também os milagres.

Dos lábios dos sofredores brotavam as palavras da mulher de Carini: "Benedito de Deus, protege-me! Pede a Deus por mim!". E muitas vezes o câncer desaparecia, os cegos reconquistavam a vista, os paralíticos recuperavam o movimento das pernas, as mulheres grávidas na hora de um parto difícil eram bem-sucedidas, enfim, os mortos ressuscitavam (*Frei Fernando Trupia, atual guardião do Convento Maria de Jesus, em Palermo*).

2. São Benedito, homem milagroso

Oração a São Benedito

Ó Deus, nosso Pai, concedestes a vosso humilde servo São Benedito o dom de fazer milagres em vosso nome durante a vida e depois da morte. Alguns milagres eram até espantosos, como ressuscitar mortos e curar doentes desenganados pelos médicos. Outros milagres só vós os conhecestes, como converter pecadores de coração duro como a pedra, ou refazer os laços familiares destruídos pelo ódio. Todos que conviveram com São Benedito contam como ele admirava o grande milagre da natureza, com suas flores e frutos e coloridas ervas. Seu convento se situava num encantador lugar formado pela montanha e chamado 'Concha de Ouro" por sua beleza em contraste com a luz do sol, o azul do espaço e o reflexo das ondas do mar. Feliz de quem se santifica, contemplando o milagre da obra criadora de Deus! São Benedito ensina também que cada um de nós é um milagre, vivendo no meio de milagres. Obrigado, Senhor pela vida que tenho, pelo trabalho que faço, pela oração que brota do coração. São Benedito me ensina que quanto mais admiro as coisas bonitas, mais devo dobrar meu joelho para a oração, mais devo abrir minhas mãos à caridade, mais ternura e compreensão devem brotar do meu coração, para que seja plena a alegria da convivência fraterna. Que São Benedito interceda por mim e eu tenha um coração humilde e simples, como era o dele, semelhante ao Coração de Jesus. Deixai que São Benedito, o santo do meu coração, acompanhe-me, defenda-me e me proteja de todos os males e doenças, e eu possa vos servir e amar todos os dias da minha vida. Amém!

3
SÃO BENEDITO, HOMEM DE FÉ

Da Bula de Canonização

"Na cidade de São Fratello, diocese de Messina, na Sicília, em torno de 1524, nasceu Benedito, chamado comumente 'o Negro' por causa de sua origem e da cor escura da pele; e isto porque seus pais eram etíopes de origem e escravos de um homem rico. Os pais eram católicos e conhecidos por sua extraordinária piedade. O patrão prometera dar liberdade ao primeiro de seus filhos. Por isso, quando Benedito nasceu, sendo o primeiro, foi declarado livre. Os pais o educaram na santidade. Ele, de índole simples, desde pequeno começou a dar sinais de que, crescido, seria homem de distinguida grandeza. Não mostrava propensão aos divertimentos juvenis, mas espelhava um espírito voltado para a piedade, sobretudo para com a Virgem Mãe de Deus. Assim que a idade lhe permitiu, passou a frequentar a mesa eucarística e, ao mesmo tempo, começou a jejuar e a usar cilícios."

Algumas explicações

Conhecemos os nomes de seus pais: Cristóvão Manasseri e Diana Larcán. Manasseri era o sobrenome do patrão. Diana era livre mas, casando-se com um escravo, pela lei, voltou a ser escrava. Benedito foi o filho mais velho. O patrão prometera ao casal que o primeiro filho nasceria liberto. Assim, Benedito, o primeiro filho, nasceu não escravo. Por isso, a mãe, ao batizá-lo, deu-lhe o nome de Benedito, ou seja, abençoado, porque nascera livre. Suas duas irmãs Baldassara e Fradella, porém, nasceram escravas, bem como seu irmão mais novo, Marcos. Uma filha de Fradella se tornou religiosa e assumiu o nome de irmã Benedita. Esta sobrinha pintou o rosto do tio frade, pintura conservada até hoje. Foi a esta sobrinha que São Benedito visitou depois da morte, dizendo que estava subindo aos céus. Benedito, portanto, nunca foi escravo. Era filho de escravos, mas nasceu liberto e viveu em liberdade.

Sabe-se que os patrões dos pais de Benedito eram muito humanos e respeitavam seus escravos. Sabe-se, pelos documentos do tempo, que vários escravos chegavam a possuir alguma propriedade, fazer horta em torno da casa ou possuir cabras. Pelos documentos do tempo, sabemos que o pai de Benedito era o administrador das propriedades do patrão. Sabemos também, pelos depoimentos de gente que conheceu a família de Benedito, que ele bastante cedo conseguiu uma junta de bois e um arado e passou a ganhar a vida, arando os campos por empreitada.

A Bula fala em cilício. Como se não bastassem o jejum, a oração, o silêncio, a sandália e a roupa rude, os eremitas costumavam usar apertado à carne do corpo um cinto ou um colete que lhe machucassem permanentemente a carne, para não esquecer que haviam escolhido a penitência como normalidade de vida. São Benedito usou cilício a vida toda e sabe-se que era um colete feito de crina de cavalo, que usava diretamente sobre a pele, por baixo do hábito religioso.

3. São Benedito, homem de fé

Depoimento de um contemporâneo

Vicente Caroni tinha 70 anos quando declarou no processo de 1626 que conheceu tanto frei Benedito quanto os pais dele. Disse que todos o consideravam um frade sobre quem pousava a graça de Deus e por isso era uma pessoa cheia de espírito e fé. Todos admiravam nele sua devoção e suas virtudes e era considerado já em vida um homem santo.

Disse que perguntou pessoalmente a frei Benedito porque deixara de ser eremita para ser frade de convento e ele dissera que obedecera aos superiores maiores. Contou também que ele estava presente quando frei Benedito disse a Giovanni Matteo que seu filho Flamínio, desenganado pelos médicos e já dado como morto certo, ficaria bom. Frei Benedito foi claro: "Volta para casa. Teu filho está curado". Voltaram para casa e Flamínio começou a melhorar e ficou inteiramente bom.

Uma frase de São Benedito

Frei Marcos de Rachalmuto tinha 64 anos quando depôs no processo de 1626. Era irmão leigo e tinha vivido no Convento com São Benedito. Disse que o Santo tinha tanta fé, que costumava dizer às pessoas atribuladas: "Tende fé e o Senhor vos consolará!".

Fé transformada em caridade

Dizer que São Benedito foi um homem de fé é dizer o óbvio, porque toda a santidade é uma caminhada de fé e dentro da fé crescente. A fé não é só o asfalto da estrada: é a própria estrada. Quando Jesus disse à pecadora que chorava, beijando-lhe os pés: "Filha a tua fé te salvou!", poderia ter dito e teria o mesmo sentido: "Filha a tua fé te santificou!" (*Lucas* 7,50).

São três irmãs inseparáveis: a fé, a esperança e a caridade. Quase diria que são trigêmeas. Uma não existe sem a outra. Não dá para dizer quem delas nasceu primeiro. São Paulo afirma que as três andam juntas conosco até a morte. Na nossa morte, morrem também a esperança e a fé. Sobrevive a caridade, também chamada amor, e que nos acompanha eternidade adentro (*1ª Carta aos Coríntios* 13,13). Por isso, dizer que São Benedito era um homem cheio de fé, necessariamente somos levados a dizer que um homem de caridade sem limites e de esperança sem esmorecimento.

Dizer que São Benedito foi um homem de fé, nos lembra também que ele foi um atento ouvinte e contemplador da Palavra de Deus. Porque a Palavra de Deus é a fonte de onde brota a fé. São Paulo escrevia aos Romanos: "A fé procede da audição e a audição vem da Palavra de Cristo" (*Carta aos Romanos* 10,17). Compreendemos, então, porque Benedito passava horas inteiras meditando a Palavra de Deus. Meditar é escutar com os ouvidos do coração. A fé que entra e se multiplica em nós pela Palavra de Deus é como o jorro de água. Vai escorrer, vai sobrepassar o vasilhame do nosso coração e se transforma em obras de caridade.

A Palavra de Deus meditada se transforma em fé e, quando se transforma em fé, transvasa em boas obras, ou seja, em caridade aos necessitados. Se isto não acontecer, é porque a fé não foi viva, nasceu morta, muitas vezes matada pelo orgulho, pela vaidade, pela autossuficiência, pelo pão-durismo. Por isso mesmo, São Benedito tanto se distinguiu na humildade, terreno ótimo para ouvir a Palavra, transformá-la em fé, extravasá-la em caridade. São Benedito foi um mestre de fé, porque foi um mestre de caridade e foi grande mestre na escuta da Palavra de Deus.

3. São Benedito, homem de fé

Oração a São Benedito

Ó Deus, nosso Pai, a Sagrada Escritura me ensina que o santo vive da fé e pela fé. São Benedito é um exemplo. Recebeu a graça da fé no Batismo. Cultivou a graça como se fora uma semente, uma planta em crescimento. Protegeu a fé com a humildade. Adubou a fé com a esperança e a penitência. Regou a fé com a oração constante. E a fé vigorosa produziu flores e frutos de caridade. Senhor, é isto que eu procuro. É isto que eu quero, a exemplo de São Benedito. Abençoai este meu desejo e propósito de cultivar a minha fé. Como os apóstolos, vos peço: "Aumentai a minha fé!". Vós destes aos discípulos a receita segura e certa: para crescer na fé é preciso servir aos irmãos com humildade e alegria; é preciso acudir o irmão necessitado; é preciso ter um coração agradecido pelos dons recebidos; é preciso procurar sempre a vossa presença amiga, também no sofrimento (*Lucas* 17,5.10.14.19). Senhor, venha em meu socorro São Benedito para que eu tenha força e coragem de pôr em prática esta receita de fé. Que a luz da fé de São Benedito ilumine minha estrada e fecunde de boas obras a vivência da minha fé. Amém.

4

SÃO BENEDITO, HOMEM PENITENTE

Da Bula de Canonização

"Aos 20 anos abraçou um modo de vida mais austero. Deus o chamou para uma vida de solidão, na companhia de frei Jerônimo Lanza, homem nobre e piedoso. Frei Jerônimo já era seguidor da Regra de São Francisco e obtivera da Sé Apostólica a licença de fazer um quarto voto, o chamado voto quaresmal, que obrigava jejuar três dias por semana e levar uma vida eremítica. Quando Benedito se juntou a frei Jerônimo, já havia um grupo de companheiros, todos desejosos de viver a mesma vida penitencial. Benedito vendeu a junta de bois que possuía, distribuiu o dinheiro da venda aos pobres e abraçou decidido a vida eremítica.

Benedito foi acolhido por frei Jerônimo Lanza no eremitério de Santa Domênica, em Carônia, distante apenas alguns quilômetros de São Fratello. Assumiu o regime de penitência. Passado o tempo do noviciado, emitiu os votos solenes, com todas as licenças da Santa Sé. No eremitério cultivou todas as virtudes com tanta perfeição que, em pouco tempo, parecia ser um mestre em todas elas. Até parecia haver superado os companheiros que há mais tempo levavam aquela rigorosa vida. Observava os jejuns diários com muito escrúpulo: abstinha-se do vinho, comia uma só vez ao dia. E a refeição consistia num pedaço de pão e verduras, que lhe consentiam permanecer vivo, mas não afastavam a fome.

Acrescentou outras duras penitências: usava cruel cilício, dormia pouco e sempre deitado no chão duro, entregava-se à meditação das coisas divinas por largo tempo, tempo que durava o dia inteiro e a noite toda."

Algumas explicações

Eremita ou ermitão é a pessoa que vive retirada do barulho do mundo, em grutas ou cabanas no deserto ou na mata. O lugar em que se fixa um eremita se chama eremitério. No Catolicismo sempre tivemos esse modo de viver. São famosos entre os homens Santo Antão (251-356, com 105 anos) e São Paulo Eremita (228-340, aos 112 anos). Entre as mulheres temos Santa Rosalía (1130-1160), padroeira de Palermo, nobre e cortesã, que viveu eremita no Monte Peregrino. No Brasil, o eremita mais conhecido é o irmão leigo franciscano frei Pedro Palácios (1500-1570), que viveu numa gruta em Vila Velha, ES, e fundou o Convento da Penha. O eremita alimenta-se apenas do suficiente para viver, quase sempre raízes e ervas, veste-se de pano rude, cultiva o silêncio e a contemplação, leva vida penitente. Às vezes os eremitas costumam encontrar-se ao nascer e ao pôr do sol para rezarem juntos. São Francisco de Assis (1182-1226) gostava da vida eremítica. Volta e meia passava 40 dias (uma quaresma) retirado. Favorecia os frades que quisessem viver em eremitérios. Chegou a escrever uma regra de vida para os frades que quisessem fazer juntos a experiência eremítica.

Frei Jerônimo Lanza era um rico e famoso senhor da Sicília. Deixou tudo para ser pobre como São Francisco. Entrou na

4. São Benedito, homem penitente

Ordem. Mais tarde, quis viver como eremita, no mais rigoroso jejum e absoluta pobreza, inclusive fazendo um quarto voto: viver em jejum quase permanente. Vários homens se juntaram a frei Jerônimo, inclusive o jovem Benedito, que gostava de solidão. O grupo tinha todas as licenças da Igreja, era muito respeitado pelos franciscanos e pelo povo.

No grupo, Benedito fez seu noviciado, isto é, passou um tempo de experiência, de aprofundamento na espiritualidade e no modo eremítico de viver. O próprio frei Jerônimo foi seu mestre.

Depoimento de um contemporâneo

Frei Guilherme de Piazza, irmão leigo franciscano, tinha 65 anos quando depôs no Processo de 1626. Teve o privilégio de conviver com frei Benedito durante quatro anos no Convento de Santa Maria de Jesus e de ter sido seu enfermeiro nos últimos 40 dias de vida. Copio apenas algumas frases de seu longo e precioso depoimento: Durante todo o tempo em que convivi com ele, era um homem muito mortificado. Todos admiravam seu modo de viver e o consideravam um santo. Fui porteiro do convento e sei quão grande era seu coração para com os pobres, atribulados e doentes que o procuravam. Frade de grande humildade, nenhum elogio lhe tirava a simplicidade. Ordinariamente fazia os trabalhos caseiros mais humildes. Era pobre em tudo: tinha um hábito só e feito de lã grossa, nada tinha no quarto de dormir além de uma cama, nem mesmo um toco de vela. À mesa comia quase nada. Apenas experimentava a comida. Coube-me um tempo estar sentado à mesa a seu lado. Um dia vieram à mesa as primeiras cerejas. Eu, por penitência, não comi nenhuma. Frei Benedito me perguntou por que não comia cereja. Fui sincero e lhe disse que queria fazer uma penitência. E ele me disse que a verdadeira penitência não estava em não comer, mas no comer pouco, porque então se mortificava não só o olho, mas também o gosto e o corpo inteiro. Aliás, ele não comia nem bebia fora dos horários de refeição.

Uma frase de São Benedito

Interrogado durante a doença se tinha sede, respondia: Tenho sede, sim, mas pensando na sede sofrida por Jesus na cruz, a suporto com facilidade.

Jesus foi modelo de penitente

Encontramos a palavra "penitência" em toda a Sagrada Escritura, tanto no Antigo quanto no Novo Testamento. João Batista, o profeta que se situa exatamente entre os dois Testamentos, pregou a penitência: "Fazei penitência, porque o Reino de Deus está próximo!" (*Mateus* 3,1-2). Jesus pediu a penitência e foi um modelo de homem penitente, apesar de Filho de Deus.

Não é só o pecador que precisa de penitência, para reparar o pecado. Todos precisamos de penitência, porque ela é caminho de santidade. Santo Agostinho nos ensina que a penitência purifica o coração, eleva o pensamento, submete a carne ao espírito, torna o coração humilde, dissipa a nebulosidade da concupiscência, apaga o fogo das paixões e ilumina a beleza da castidade (*Sermão* 73). Por isso entendemos como São Francisco foi um grande penitente até o fim da vida. E compreendemos porque São Benedito fez da penitência seu pão de cada dia. Não porque tivesse cometido grandes pecados. Todos consideravam Benedito um anjo em vestes humanas. Mas porque Jesus mandara aos discípulos pegarem a própria cruz e segui-lo (*Mc* 8,34). Pegar a cruz é fazer penitência. A cruz pode ser suportar com paciência dores físicas; pode ser governar-se com alegria na pobreza da casa e da comida; pode ser dificuldade de entendimento na família; pode ser algum vício que me impede de ser pessoa boa, como a inveja, a luxúria, a falta de perdão; pode ser a secura do meu coração, que não sente o prazer da oração, a beleza da esperança e a alegria da partilha. Por mais feliz que eu seja, tenho sempre o peso de alguma cruz para carregar.

É encantador ver como São Benedito enfrentava o cansaço do trabalho e o desprezo por ser filho de escravos e analfabeto com rosto sereno; como comia pouco e não bebia bebidas sofisticadas;

4. São Benedito, homem penitente

como dormia em esteira de palha e não em colchão fofo; como dava absoluta precedência à oração comunitária e particular; como passava horas e horas de noite e de dia no silêncio da contemplação da Paixão e Morte de Jesus, para se tornar sempre mais semelhante a Ele. Benedito podia dizer com São Paulo: "Estou crucificado com Cristo. Já não sou eu que vivo, é Cristo que vive em mim" (*Carta aos Gálatas* 2,19-20). Viver crucificado com Cristo como Paulo, como Francisco, como Benedito é o auge da penitência.

Gesto concreto

Uma das coisas mais difíceis na vida do cristão santo é suportar os defeitos dos outros. Não há criatura humana sem defeitos. Suportar pacientemente os erros e as fraquezas dos convivem conosco é uma obra de misericórdia. Os que conviveram com São Benedito afirmam que ele nunca reclamava de ninguém, não criticava ninguém. Pensando em São Benedito, hoje e, talvez, a semana toda, não vou apontar meu dedo acusador contra os defeitos de ninguém da comunidade.

Oração a São Benedito

Ó Deus, nosso Pai, sei que vosso servo São Benedito era puro e santo de coração. Eu não! Tenho um coração orgulhoso e cheio de vaidades. São Benedito conseguiu ser santo, levando vida de penitente, superando a vaidade, o orgulho, a ganância e a preguiça. Preciso muito imitar São Benedito, porque também eu quero ter meu coração voltado para vós, em permanente louvor e agradecimento. Preciso fazer penitência: suportar com alegria os defeitos dos que convivem comigo, amar a todos, sobretudo os pobres e doentes, fazer o bem a todos, principalmente àqueles que não podem me agradecer. Ajude-me a mão generosa de São Benedito e a vossa graça, que é sempre abundante para quem vos ama como vos amou São Benedito. Amém!

5

SÃO BENEDITO, HOMEM OBEDIENTE

Da Bula de Canonização

"Aos poucos o povo tomou conhecimento das virtudes dos eremitas, sobretudo de Benedito, a quem Deus deu a graça da santidade e dos milagres. Não tendo mais o sossego da solidão, resolveram procurar outros lugares mais distantes do povo, para evitar as visitas. Assim, passaram para Mancusa, depois foram para outros lugares ainda mais longe, onde moraram em grotas muito incômodas ou em cabanas sem nenhum conforto e, finalmente, chegaram ao quase inacessível Monte Pellegrino, vizinho de Palermo. Por onde passaram, cresceu a fama de santidade do grupo, especialmente de Benedito. Não só entre o povo, mas também entre os coirmãos de eremitério. E isto de tal modo que, tendo morrido frei Jerônimo Lanza, os companheiros acharam que Benedito era o mais digno para suceder o fundador.

17 anos depois da entrada de Benedito naquela vida eremítica – em tudo uma vida de perfeição – nosso predecessor

Pio IV mandou que aqueles santos homens deixassem a vida eremítica, ficassem dispensados do quarto voto (do jejum três vezes por semana e da vida eremítica) e entrassem para uma das Ordens religiosas já aprovadas, podendo cada um escolher a que quisesse.

Todos obedeceram. Benedito pensou entrar nalgum convento capuchinho. Mas, estando em oração na catedral de Palermo, pedindo a Deus que fizesse luz sobre o caminho a seguir, recebeu, por três vezes seguidas, sinal do céu de que deveria abrigar-se no Convento dos Frades Menores Franciscanos (*Bula de Canonização*)."

Algumas explicações

O Monte Pellegrino (ou Peregrino), de onde se tem uma extraordinária visão sobre a cidade de Palermo, ergue-se no Mar Tirreno à altura de 606 metros. É um imenso rochedo calcário, cheio de grutas. Numa destas grutas viveu como eremita Santa Rosália (1130-1160), padroeira de Palermo. Em várias outras grutas viveram os eremitas de frei Jerônimo Lanza, juntamente com São Benedito, em fama de santidade. Foi nesse tempo que Lanza morreu, embora não no Monte Pellegrino, e o grupo escolheu frei Benedito como seu guia. E foi no Monte Pellegrino que eles receberam a notícia de que a Santa Sé dissolvera o grupo, dispensando-os do quarto voto, podendo escolher ou voltar para junto de seus familiares, ou entrar numa das duas Ordens, a dos Capuchinhos ou a dos Franciscanos Menores.

Os Capuchinhos são um ramo da Ordem Franciscana, fundado em torno de 1520. No início foram chamados "Frades Menores de Vida Eremítica", com a mesma Regra dada por São Francisco. Por causa do formato de seu capuz, o povo os apelidou de "Capuchinhos" e eles passaram a se chamar "Ordem dos Frades Menores Capuchinhos". Os Franciscanos Menores são resultado de uma cisão na Ordem, no início chamados de Observantes. Assinam com a sigla OFM, que significa Ordem dos Frades Menores. O outro ramo é composto pelos Conventuais, que se chamam Ordem dos Frades Menores Conventuais. A razão da existência das três famílias, com a mesma Regra de vida, é a interpretação do voto de pobreza. Os três ramos produziram uma extensa lista de Santos e Beatos. São Benedito, portanto, pertenceu à OFM, como no Brasil pertenceram São Frei Galvão, frei Henrique de Coimbra (que aqui celebrou a Primeira Missa) e o sempre lembrado frei Pedro Palácios, fundador do Convento da Penha, no Espírito Santo. Frei Pedro Palácios, irmão leigo, viveu como eremita. Até hoje em Vila Velha se visita a gruta de pedra, onde ele se refugiava.

Depoimento de contemporâneo

Frei Guilherme de Piazza teve o privilégio de conviver com São Benedito, ser vizinho de mesa, ser porteiro (que devia chamá-lo para atender o povo e presenciou inúmeros milagres de frei Benedito na portaria), e foi um de seus enfermeiros nas últimas semanas de vida. No seu depoimento, em 1626, disse que frei Benedito mostrava verdadeira alegria em obedecer aos superiores e nada fazia sem sua licença. Nisso era modelo para os noviços.

Quando adoeceu de morte, o médico mandou que eu lhe preparasse duas gemas batidas. Frei Benedito me disse que as gemas não lhe trariam nenhuma melhora, mas se o médico e o guardião mandaram, obedeceria de bom grado. Eu as preparei e ele tomou. Era tanta gente que vinha à portaria, que o porteiro não conseguia subir cada vez à sua cela e chamá-lo. Por isso se combinaram três toques de sino. Ele obedecia ao toque sem perder a paciência quantas vezes fosse chamado. Aliás, era de uma paciência infinita e de uma caridade sem limites.

Uma frase de São Benedito

São Benedito costumava dizer aos noviços: Um religioso não deve fazer nada sem a obediência aos superiores.

Obediência pura e santa

Aprendemos que devemos obedecer aos pais. É o quarto mandamento da Lei de Deus. Aprendemos também que devemos obedecer mais a Deus do que às criaturas humanas, ainda que sejam nossos pais (*Atos* 5,29). O profeta Samuel chega a dizer que obedecer vale mais do que oferecer ricos sacrifícios (*1º Livro de Samuel* 15,20).

Jesus é um modelo de obediência: fez em tudo e sempre a vontade do Pai (*João* 4,34; *Carta aos Filipenses* 2,8). E obedeceu a José e Maria (*Lucas* 2,51). Os religiosos fazem voto de obediência: prometem viver não segundo a própria vontade, mas segundo a vontade de seus superiores. São Francisco foi mais longe: ensinou aos frades a não só obedecer aos superiores, mas a todos os irmãos. Para São Francisco a vida fraterna exige que um irmão faça a vontade do outro irmão e assim todos tenham a alegria de servir-se mutuamente. À medida que faço a vontade do meu irmão, eu me esvazio de mim mesmo. Esse esvaziamento é uma exigência para se viver a vida consagrada.

São Benedito é um modelo de obediência. Era eremita. Era o chefe de duas dezenas de eremitas santos. Quando chegou o decreto do papa, suprimindo a vida eremítica do grupo e mandando que cada um deles procurasse uma Ordem religiosa para viver, Benedito obedeceu de imediato. O decreto do papa não dava os motivos da supressão. Benedito não exigiu saber as razões do decreto. Obedeceu e pronto. Na Comunidade franciscana, cada frade tinha um determinado toque de sineta. Assim o porteiro não precisava sair pela casa ou pela horta à procura de quem era chamado à portaria. Benedito tinha o seu sinal e era muito chamado. Estivesse onde estivesse, na cozinha, no jardim, na sacristia, deixava tudo e ia atender a pessoa que o chamava. Obediente, portanto, aos compromissos. Quando o fizeram superior da casa, ele obedeceu e assumiu o cargo como verdadeiro serviço aos confrades. Quando estava doente para morrer, embora sabendo de antemão a hora da morte e sabendo que nenhuma medicina o curaria, tomava os remédios para obedecer ao médico.

5. São Benedito, homem obediente

São Benedito entendeu bem o ensinamento dos mestres de espiritualidade: Deus não precisa de nossas obras, mas quer a nossa obediência, ou seja, nosso serviço fraterno com amor, alegria e gratuidade.

Oração a São Benedito

Ó Deus, nosso Pai, vosso servo São Benedito foi um frade muito obediente. Não só obediente aos superiores, mas também obediente a todos que conviviam com ele e a todos que o chamavam à portaria à procura de ajuda. Eu sei que obedecer não é só fazer o que nos pedem, mas é também escutar os lamentos e dificuldades dos que sofrem. São Benedito largava de imediato o que estava fazendo, até mesmo a oração, para atender uma pessoa necessitada. Obedecer a um chamado de caridade, sem saber quem está precisando, é obediência pura e santa. Como não se lembrar da afirmação de Jesus: Tudo quanto fazeis ao menor dos meus irmãos é a mim que o fazeis? Senhor, vosso servo São Benedito venha em socorro, me ensine a obedecer com alegria e prontidão, me ensine a não procurar os meus interesses e desejos, mas as necessidades dos que precisam de minha ajuda. Que vosso servo São Benedito me faça compreender que a obediência não diminuiu ninguém, mas é uma virtude ligada ao amor e à generosidade do coração. São Benedito praticava a obediência de tal modo que plantas e animais, doenças e anjos lhe obedeciam também. Os alimentos se multiplicavam na cozinha de São Benedito. E até a própria morte se sujeitava às ordens dele, porque ele era para todos o modelo perfeito da obediência. Senhor, pela intercessão de São Benedito, abri meus ouvidos para ouvir a voz dos que chamam por mim. E na voz dos necessitados, eu veja sempre vossa voz e perceba que precisais de mim. Amém!

6

SÃO BENEDITO, HOMEM CONTEMPLATIVO

Da Bula de Canonização

"Frei Benedito foi acolhido no Convento de Santa Maria de Jesus, em Palermo, como irmão religioso da Ordem.
    Pouco depois, os superiores o mandaram para o Convento de Santana, em Juliana, onde permaneceu três anos e levou uma vida escondida e solitária, que pouco se diferenciava da vida eremítica que levara. Foi, então, chamado de volta a Palermo, onde viveu o resto da vida.
    Embora Benedito tenha passado do eremitério para a cidade, nunca mudou seu modo de viver e manteve até a morte o rigor que se havia imposto. Seu alimento foi sempre o mesmo, o quaresmal, simples e pobre, muitas vezes só de pão. Continuou a usar até o fim da vida o cilício. Repousava pouco o corpo e quase sempre deitado no chão duro. Trabalhava muito e sem mostrar cansaço. Seu hábito de vestir era rude e batido. Flagelava o corpo e não raras vezes até sangrar e fazer feridas.

Rezava e meditava sem interrupção, também durante o trabalho e quando saía à rua.

Apaixonado pela vida eremítica, todo entregue à meditação da Paixão do Senhor, evitava o quanto possível os aglomerados de pessoas, falava pouco e quando falava era sobre assuntos celestiais e, quando isso acontecia, se enchia de tanto ardor que não raro entrava em êxtase. Rígido na pureza e modestíssimo no comportamento, não deixava ninguém lhe beijar as mãos. Sempre as escondia nas mangas do hábito. Conservou a vida toda a flor virginal da pureza e era por todos chamado de anjo em carne humana."

Algumas explicações

Na vida de São Benedito, diz-se que foi um homem contemplativo. A contemplação tem tudo a ver com a oração. Mas ultrapassa a oração dos lábios. Encontrei numa conferência de dom José Rodríguez Carballo, arcebispo secretário da Congregação para a vida Consagrada, e ex-Ministro geral da Ordem dos Frades Menores, a mesma Ordem de São Benedito, uma belíssima descrição do que seja a vida contemplativa.

Diz ele: "A contemplação poderia ser definida, acima de tudo, como abertura do coração ao *mistério* que nos envolve, para deixar-nos possuir por ele. Nesse sentido, contemplar é esvaziar-se de todo o supérfluo para que aquele que é o Tudo nos encha até transbordar. Contemplar é abrir pouco a pouco *os olhos do coração* para poder ler e descobrir a presença do Senhor nas facetas das pessoas e das coisas. Contemplar é abrir os ouvidos da alma para escutar os gritos silenciosos do Senhor em sua Palavra, nos Sacramentos, na Igreja, e nos acontecimentos da história. Contemplar é fazer silêncio de palavras para que fale o olhar cheio de espanto, como o de uma criança; para que falem as mãos abertas ao compartilhar, como as de uma mãe; para que falem os pés que, com passo ligeiro, como nos pede Santa Clara, cruzam fronteiras para anunciar a Boa Nova, como os de um missionário; para que fale o coração transbordante de paixão por Cristo e pela humanidade, como falaram os corações de Francisco e Clara.

Contemplar é entrar na cela do próprio coração, e desde o silêncio que aí habita, deixar-se transformar. Contemplar é *desejar, acima de tudo, ter o espírito do Senhor e seu santo modo de operar.* A contemplação é essencialmente a vida de união com Deus que, segundo as palavras de Francisco, seria *ter o coração dirigido para Deus*, e, segundo as de Clara, colocar alma, coração e mente em Cristo, até transformar-se totalmente na imagem de sua divindade".

A contemplação não raro provoca o *êxtase*, ou seja, a saída dos sentidos e da sensibilidade: perde-se a noção do tempo, diluem-se e fundem-se os campos físico, psíquico e espiritual, o corpo pode pairar no ar. O fenômeno não é raro entre os que vivem intensamente a experiência mística.

Depoimento de um Contemporâneo

Frei Querubim, de 64 anos, era irmão leigo franciscano com frei Benedito e viveu com ele dois anos e meio. No depoimento de 1626, contou que os irmãos leigos costumavam comungar na primeira missa celebrada na igreja, ainda de madrugada. Frei Benedito também comungava naquela missa e mais vezes todos viram que, ao comungar, dele emanava uma luz diferente. Ele, frei Querubim, viu essa luz com seus olhos e que também outros a viram.

Afirmou também que frei Benedito era extremamente paciente e que vira gente insultando-o, chamando-o de "escravo" e ele recebia o xingamento com um sorriso nos lábios. Disse que ele tinha muita caridade com o próximo, sobretudo com os doentes, a quem visitava e consolava. Que era muito humilde e até procurava ser desprezado, fugindo das pessoas que o elogiavam. Disse que, atrás do convento, há uma mata e que frei Benedito se refugiava nela algumas horas por dia para rezar e praticar a disciplina. E disse tê-lo visto em oração na mata e se disciplinando e que o cilício era feito de pelo de cavalo.

Uma frase de São Benedito

Quem se salva não se salva por seus méritos próprios, mas pela misericórdia de Deus Nosso Senhor, através de sua santa Paixão.

Iluminado pela contemplação

Mãos orantes, mãos de mistério, mãos de silêncio. Eu penso nessas mãos. As mãos de São Benedito, o Africano, desse frade "negro", que traz no sangue a escravatura das gerações e a liberdade dos filhos de Deus, desse místico "analfabeto" que fala com o seu Senhor na interioridade mais profunda que todos os tratados escritos pelos doutores. Mãos de adoração, de profecia. Mãos voltadas para frente, voltadas para a cidade dos homens. Mãos de perdão, de socorro. Mãos de oração.

Sobre o rosto do "mouro" se reflete, ilumina-se, resplende o rosto de luz do Senhor. Esta luz, que me lembra Francisco. Cego, enfermo, próximo da morte, terrivelmente chagado, sai da obscuridade daquela tormentosa noite dos ratos para cantar a vida, o sol, a lua, as estrelas. Esta luz me recorda irmã Clara. A amável criatura encerrada no segredo de Deus, maravilhosamente resplendente de mistério: "Quando ela voltava da oração, seu rosto parecia mais claro e mais belo do que o sol". Esta era a luz deste Frade, que amo. A luz de Deus que celebra o dia dos homens. Sarça ardente sobre o monte Sinai. Nuvem de luz que guia o povo hebreu no deserto. Luz da transfiguração no Tabor. Fogo do Espírito Santo no Cenáculo. Luz na noite de cada sábado santo. Círio aceso para o nascimento no batismo. A luz de Deus que brilha na fronte dos fracos (*Nino Barraco, escritor e industrial siciliano*).

6. São Benedito, homem contemplativo

Oração a São Benedito

Ó Deus, nosso Pai, vosso servo São Benedito costumava passar horas e horas, do dia e da noite, contemplando as coisas do céu e todas as coisas bonitas da terra, criadas para vos louvar. Ele ficava maravilhado diante das grandes manifestações de vosso amor, como o mistério da encarnação de Jesus no seio puríssimo de Maria, o mistério da paixão e morte de Cristo Salvador, o mistério da Eucaristia. Concedei-me, por intercessão de São Benedito, ter um coração sempre voltado para vós, amar-vos com todas as forças de minha vida e do meu pensamento, fazer todos os trabalhos com vossa ajuda e vossa bênção. São Benedito me ensina que o trabalho é oração e a oração deve envolver todo o trabalho. A exemplo de São Benedito, quero viver sempre na vossa presença. Amém.

7

SÃO BENEDITO, HOMEM POBRE E SIMPLES

Da Bula de Canonização

"Observava com rigor a pobreza evangélica e exortava os Confrades que a vivessem com fidelidade. Um rude colchão de palha, uma cruz traçada a carvão numa das paredes, uma ou duas estampas da Virgem Maria ou de algum santo era toda a mobília de sua cela. Quando saía à rua não levava nem sacola nem provisão de comida e negava-se terminantemente a receber os pequenos presentes que o povo costuma dar de forma espontânea. Estava sempre tão submisso à vontade dos superiores que nada fazia por sua iniciativa. Bastava um sinal dos superiores e ele obedecia com solicitude e prontidão.

Para obedecer, interrompia a oração ou qualquer trabalho que estivesse fazendo. Obedecia de imediato quando o chamavam à portaria para atender às numerosas pessoas, de todas as condições, que o procuravam para falar com ele. Na sua última doença, para cumprir a vontade do médico e do superior, tomou de boa vontade os remédios, sabendo, por inspiração divina, que a medicina já não lhe traria nenhuma melhora.

Paciente, sereno em todas as circunstâncias da vida, não se deixou perturbar pela doença e pelas adversidades nem mesmo pelas tentações do demônio. Estava sempre preparado para tudo o que acontecesse. Sua única preocupação era ter o coração voltado para Deus, em quem punha toda a sua esperança."

Algumas explicações

Cela é sinônimo de quarto pequeno. A palavra quase sempre é empregada quando se fala do quarto de um religioso ou de um preso. A cela de frei Benedito, pequena e baixa, com uma janelinha, mais fresta que janela, era a primeira à direita, assim que termina o estreito e escuro lance de escada que desemboca no início do corredor do velho convento, construído em 1426 pelo Bem-aventurado Mateus de Agrigento. Hoje a cela está transformada em capela.

Coube a frei Benedito, nos três anos em que foi guardião, começar e dar andamento às obras de um segundo andar do velho convento, com celas um pouco maiores, com dois amplos corredores que, sem nada prejudicar a pobreza, ofereceriam mais luz e ventilação aos frades. O aumento se tornou necessário, porque eram muitos os rapazes atraídos à vida de penitência franciscana, pelo exemplo de frei Benedito e de outros frades santos daquele convento. Durante a construção, aconteceram vários episódios, como aquele contado no Processo de beatificação: um dia em que os operários não eram para vir trabalhar na construção, vieram em número de 30; eram voluntários, mas os frades davam o almoço. Como não viriam, ninguém providenciou com que fazer a comida. Providenciou frei Benedito que multiplicou os pratos, o pão e o vinho. Ou o fato do pedreiro, que caiu do andaime e ficou estatelado no chão, todo quebrado e dado por morto; frei Benedito lhe traçou na testa o sinal da cruz e o pedreiro se levantou e retomou o trabalho. O andar planejado e começado por São Benedito é o mesmo que se pode ver nos dias de hoje e continua moradia dos frades.

7. São Benedito, homem pobre e simples

Como se pode deduzir dos depoimentos, frei Benedito vivia ao pé da letra o conselho de Jesus aos apóstolos: ao irem pelo mundo não levem nem pão nem sacola nem dinheiro nem duas túnicas, ou seja, estejam livres dos laços familiares (pão), da segurança pessoal (sacola), da posse de bens (dinheiro) e da ostentação vaidosa (duas túnicas).

A Bula também fala que ele se conservou sereno em todas as circunstâncias. Esta serenidade foi conquistada pelo autocontrole, pela penitência. De São Francisco se diz que amansou um lobo. Esse lobo mora dentro de cada um de nós. É tarefa nossa transformar uma espelunca com lobo dentro em morada de Deus, em templo vivo, onde, como num jardim bem cuidado, cresce o harmonioso relacionamento entre nós e Deus. Quem chegou a isto tem o coração pacificado e todo seu comportamento será sereno. São Francisco lembrando a bem-aventurança proposta por Jesus: "Bem-aventurados os pacíficos, porque serão chamados filhos de Deus", explicou: "São verdadeiramente pacíficos os que, no meio de tudo quanto padecerem neste mundo, conservam-se em paz, interior e exteriormente, por amor de Nosso Senhor Jesus Cristo". Benedito compreendeu esta lição. Por isso os contemporâneos são unânimes em elogiar seu comportamento sereno.

Depoimento de um Contemporâneo

Frei Paulo de Vizzini conviveu com frei Benedito durante oito anos. Disse que era homem muito virtuoso e santo e que, em oito anos, jamais lhe ouviu uma palavra ofensiva ou um gesto de vaidade ou orgulho. Que era pacientíssimo. Lembra que uma vez um confrade o chamou de "burro", e frei Benedito não se zangou, mas sorriu com rosto alegre.

Disse ainda que frei Benedito vivia extremamente pobre: nada tinha na cela, vestia sempre o mesmo hábito e não aceitava presentes de espécie nenhuma para si mesmo. Sua pobreza e simplicidade eram visíveis a todos no refeitório. Disse que por algum tempo foi seu vizinho de mesa e que frei Benedito apenas provava os alimentos e que nunca o viu comer coisa nenhuma fora das refeições. Mas sua simplicidade não o impedia de falar com sabedoria das coisas de Deus e de falar com gente graduada com a mesma caridade com que tratava os mais pobres que batiam à portaria.

Uma frase de São Benedito

A um douto teólogo disse: "Padre, vossa paternidade é teólogo e mestre, não precisa de mim. Mas, por caridade lhe digo que, quantas vezes lhe vier em mente essa tentação (de fé), trace sobre o coração o sinal da cruz e reze o Credo. Deus o atenderá". O teólogo pôs em prática o conselho e não mais teve dúvidas de fé.

O santo dos pobres

São Benedito, o Negro, humilde frade franciscano, filho de escravos e negro de pele, resplandece no mundo como um sinal de promoção humana e acolhimento cristão. É um santo vizinho, familiar, um santo do povo simples. É o santo de todos. Sua mensagem serve para todos os tempos, porque é uma mensagem de permanente humanização. Ele anuncia que a fé em Cristo é uma presença divina no homem e uma presença humana em Deus. Ele proclama a caridade, a derrota de qualquer espécie de escravidão, seja a que se origina do homem, seja a que parte do mal. Ele repropõe a figura do verdadeiro franciscano, que serve a criatura humana e todas as criaturas com simplicidade de quem vive com o coração cheio de alegria e de verdade, dando-se pela paz e pelo bem de todos. Ele mostra que um pouco de amor produz frutos abundantes e que tudo deve começar do amor e conduzir ao amor. Ele, sempre preocupado com a situação humana, acolhe com carinho e desvelo os que menos receberam da vida: os pequenos, os pobres, os excluídos, os marginalizados, os que tudo perderam (*Frei Fernando Trupia, guardião do Convento Maria de Jesus, em Palermo*).

7. São Benedito, homem pobre e simples

Oração a São Benedito

Ó Deus, nosso Pai, vosso servo São Benedito aprendeu de Jesus a simplicidade. Jesus nos mandou viver com simplicidade. Para viver com simplicidade, desde criança São Benedito foi se desapegando das coisas terrenas e se tornando exemplo de homem pobre e simples. Quando olho para meu coração o vejo tão apegado aos bens materiais e por isso muito duro e insensível diante dos irmãos que precisam de mim. Eu sei que num coração duro não pode crescer a semente da generosidade, mas cresce depressa a má semente do orgulho e do egoísmo. Pela intercessão de São Benedito, santo da simplicidade e do desapego, dai-me um coração manso e humilde como o de Jesus, um coração simples e desapegado como o do meu santo protetor São Benedito. Olhando para São Benedito, meu pedido hoje é bem claro: Não quero nem riqueza nem miséria, mas o suficiente para vos servir e louvar. Amém!

8

SÃO BENEDITO, HOMEM EUCARÍSTICO

Da Bula de Canonização

"Entre todas as virtudes, brilhava, sobretudo, seu extraordinário amor a Deus. Benedito não desejava outra coisa senão pensar nas coisas do céu, contemplá-las e evitar escrupulosamente qualquer ofensa a Deus, ainda que pequena. Confessava-se a miúdo e comungava diariamente. Preparava-se longamente para o banquete divino e mais longa ainda era sua ação de graças. Tinha um amor tão ardente para com a Eucaristia que muitas vezes era visto rodeado de uma luz celestial, que iluminava toda a capela e ele ficava longo tempo imóvel, em êxtase.

Deste amor eucarístico nasce seu férvido amor ao próximo. Queria que todos se salvassem e para isso mortificava seu corpo e rezava continuamente. Com solicitude recebia a todos que o procuravam para aconselhamento, mesmo quando estava doente. A todos dava oportunos conselhos e remédios. Visitava muitas vezes os encarcerados e enfermos, oferecendo-lhes seus préstimos caridosos, dando-lhes alguma ajuda e exortando-os a ter paciência e pôr sua esperança em Deus. Tinha a mesma disposição para com os hóspedes e, sobretudo, para com seus confrades a quem sempre queria servir. O amor e a misericórdia para com os necessitados alimentavam seu jejum. Quando foi eleito guardião do Convento de Palermo, recomendou ao porteiro a nunca mandar embora algum pobre sem atendimento."

Algumas explicações

Observe-se a frase da Bula: "De seu amor eucarístico nasce seu férvido amor ao próximo". A Bula fala da misericórdia de São Benedito para com os necessitados. O papa Francisco tem feito da palavra "misericórdia" tema de muitas de suas pregações. Instituiu e celebrou de 8 de dezembro de 2015 a 20 de novembro de 2016 o Ano Santo da Misericórdia. Se entendermos a palavra, entenderemos também seu sentido. A palavra é composta de três latinas: *miser* (que significa "necessitado"), *cor* (que se traduz por "coração") e o verbo *dare* (dar em português). Misericórdia significa, então: dar (abrir) o coração ao necessitado. Eu posso estar necessitado de roupa, de comida, de casa, de perdão, de compreensão, de consolo, de salário justo, de serviços profissionais (como advogado, médico, padre). Significa também: eu, necessitado (e todos somos), mantenho meu coração aberto a quem pode me ajudar. Em outras palavras misericórdia é ter o coração aberto para dar ajuda e receber ajuda. Jesus nos ensinou a sermos misericordiosos como o Pai do Céu é misericordioso, ou seja, a termos o coração sempre aberto a todos para ajudar e para sermos ajudados.

É fácil para quem mora perto de uma igreja receber a Eucaristia todos os dias. Mas eu prefiro as pessoas que todos os dias e ao longo de cada dia vivem a eucaristia da vida, ou seja, são agradecidas a Deus por todos os benefícios que recebem do Pai do Céu, inclusive as doenças, e têm sempre um coração aberto para as pessoas necessitadas de consolo, amizade, conselho, compreensão. Você está recebendo e dando a eucaristia da vida quando você ajuda alguém a ser feliz, a viver alegre, a sentir-se filha e filho querido de Deus.

Depoimento de um contemporâneo

Frei Jorlando de Girgenti, padre professor de teologia, que ocupou vários cargos na Ordem, depôs no processo de 1621 que conheceu Benedito antes de ele entrar na Ordem e conviveu com ele no Convento Jesus Maria durante seis anos. Disse que Benedito sempre teve fama de santo entre os confrades e entre o povo. Disse que ele frequentava com muita devoção, e nisto era exemplo para todos, os sacramentos da Confissão e da Comunhão, e que ele tinha o costume de, depois da comunhão, retirar-se para o fundo do coro e permanecer longo tempo em ação de graças. Às vezes, via-se certo esplendor em torno de sua fronte. Disse que viu pessoalmente essa luz e que também os outros frades a viram.

Disse que em todos os anos que conviveu com ele nunca escutou dele uma frase ambígua ou viu um gesto menos digno. Ao contrário, eram manifestas as suas singulares virtudes, sua modéstia, sua compaixão, sua humildade, o desprezo que tinha com sua pessoa. Disse que frei Benedito falava do amor a Deus, que era extremamente observante da Regra e que era todo caridade com os outros. Afirmou que Benedito era compassivo com as pessoas atribuladas ou doentes e sempre mantinha serenidade em seu comportamento.

Afirmou que era muito afável nas palavras, mesmo quando, por causa da cor de sua pele, era desprezado ou sofria alguma zombaria. Disse que Benedito costumava receber o desprezo com visível alegria sem nunca demonstrar ressentimentos. Participava de todos os atos comunitários. Não faltava às refeições, embora comesse pouco e nunca bebesse vinho.

Uma frase de São Benedito

Jesus Cristo morreu também por mim! Oh, paraíso! Oh, paraíso!

Eucaristia e Caridade andam juntas

São Benedito é um dos santos que podem ser chamados de santos eucarísticos. Não só porque tiveram devoção especial ao Santíssimo Sacramento, mas também porque fizeram de Jesus Eucarístico o modelo de sua vida.

E nisto ele é exemplo para nós. Lembro que São Benedito nasceu de família pobre. Que pobreza maior do que um fiapo de pão conter o corpo onipotente do Senhor do céu e da terra? São Benedito nunca reclamou da pobreza, mas viveu pobre com alegria, não se apossou de nada e tudo o que lhe caía nas mãos passava aos mais necessitados. Até mesmo o poder de curar ele o exercia em benefício dos outros. Dele se poderia dizer o que São Paulo disse de si mesmo: "Fiz-me tudo para todos" (*1ª Carta aos Coríntios* 9,27). Bem a exemplo de Jesus que, na Comunhão, se dá inteiro a todos, cura todas as fraquezas, santifica quem o recebe e é garantia de vida eterna.

São Benedito era caridoso, ajudava a todos sem olhar se era rico ou pobre, conhecido ou desconhecido, santo ou pecador. Jesus na Eucaristia não exclui ninguém, Ele se dá inteiro a todos, sem perguntar pelo nome e pelas virtudes que têm, sem nada exigir em troca. São Benedito passava horas na capela ou ajoelhado ou prostrado diante do tabernáculo. Sua fé lhe dizia que ali estava o Filho de Deus Salvador. E todos os dias, na primeira Missa celebrada de madrugada, São Benedito comungava com extremada devoção. Ele sabia que Jesus afirmara: "Quem come a minha carne e bebe o meu sangue permanece em mim e eu nele" (*João* 6,56). Assim, São Benedito vivia o resto do dia na certeza de que Jesus estava com ele. Dele se poderia dizer o que se disse de São Francisco: "Levava sempre Jesus no coração, Jesus nos ouvidos, Jesus nos olhos, Jesus nas mãos, Jesus em todos os outros membros" (*Celano, biografia primeira* 115). De novo São Benedito lembra São Paulo: "Já não sou eu que vivo, é Cristo que vive em mim" (*Aos Gálatas* 2,20). Assim viveu Benedito. Viver assim é ser santo eucarístico.

8. São Benedito, homem eucarístico

Oração a São Benedito

Ó Deus, nosso Pai, vosso servo São Benedito era apaixonado por Jesus na Eucaristia. Passava horas inteiras em adoração. E quando era de noite, na capela, diante do tabernáculo, seu rosto se iluminava de tanta luz que parecia que todas as tochas da igreja estavam acesas. Jesus eucarístico, luz do mundo, invadia sua mente, seu coração, seu corpo inteiro, aos olhos admirados dos que o viam de joelhos a rezar. Na adoração a Jesus Eucarístico e na Comunhão diária, São Benedito buscava a força da caridade e do amor fraterno que repartia ao longo do dia. Jesus na Eucaristia era para ele como a luz do sol: iluminava todos os seus trabalhos e fecundava com a bênção do céu seu atendimento aos pobres, aos doentes e aos desesperados. Eu preciso, Senhor, aprender de São Benedito o amor sem limites a Jesus na Hóstia Santa e a espalhar esse amor ao longo do dia, para que todo o meu trabalho seja eucarístico, isto é, seja feito para o louvor e glória vossa, que sois o meu Deus e cobristes com tanta santidade vosso servo fiel São Benedito. Jesus nos disse que quem comunga permanece nele e Ele faz morada permanente no coração de quem o recebe. Assim aconteceu com São Benedito e por isso ele é um santo eucarístico, que amava a Eucaristia, dela se alimentava e nela buscava a força da paciência no sofrimento, da caridade para com todos e da fidelidade aos seus compromissos. Pela intercessão de São Benedito, ajudai-me, Senhor, a bem me alimentar de Jesus e com ele caminhar forte e feliz pela estrada da santidade, rumo ao céu. Amém!

9

SÃO BENEDITO, HOMEM CARIDOSO

Da Bula de Canonização

"A esta perfeição de vida se acrescentaram dons celestes. Em primeiro lugar uma extraordinária sabedoria, que Deus lhe deu. Por ela, Benedito, homem analfabeto, estava à altura de discutir com exatidão os profundos mistérios da fé e de interpretar com total propriedade os mais difíceis passos dos textos sagrados. Por isso era admirado até pelos mais preparados teólogos. Os confrades que o ouviam acreditavam que nem fosse ele que estava falando, mas o Espírito Santo através dele. Algumas vezes chegou a perscrutar os mais recônditos segredos do coração. Muitas vezes predisse o futuro. Predisse sua morte e predisse que bem pouca gente estaria presente ao seu funeral.

O servo de Deus já era famoso pelos milagres no tempo que vivia como eremita. Mas se distinguiu muito mais depois que passou a viver como religioso leigo na rigorosa Ordem de

São Francisco. Muitíssima gente se curava de graves enfermidades e doenças incuráveis, seja pelo sinal da cruz traçado por ele, seja pela unção com o óleo da lamparina acesa diante do altar da Virgem Maria, ou seja, ainda simplesmente porque se recomendavam a suas orações. Socorrendo os necessitados, não raro multiplicava os alimentos que distribuía. Mais vezes, por vontade de Deus, providenciou milagrosamente a comida para a Fraternidade, e multiplicou os pratos conforme a necessidade."

Algumas explicações

São Benedito era analfabeto. Mas isso não o impedia de ser um místico. E um grande místico. O que é mística? A palavra vem do verbo grego *myô*, que significa "fechar os olhos e olhar para o interior". Todas as religiões sérias ensinam a fazer isso. A mística faz parte, portanto, da vivência religiosa que, por sua vez, exige humildade, oração, contemplação, silêncio, concentração dos sentidos (ouvido, olhar, odor, gosto, tato). A mística não fica apenas naquilo que os sentidos percebem (a maioria fica nesse nível a vida toda). Ultrapassa-os a todos eles. O místico também não se contenta com o que sua inteligência compreende ou com o que sua vontade quer. Nem mesmo se contenta com os sentimentos, ainda que grandiosos como a admiração, a piedade, o desejo. O místico vai mais longe do que essas grandes qualidades alcançam. Por isso se diz que o místico "sai de si mesmo" para entrar em outro mundo, onde não conta o espaço, o tempo, o corpo, o peso, a lógica, a teologia, a cultura.

A pessoa mística, ao sair de si mesma, pode ter êxtases, visões e previsões. Foi numa hora de mística que São Francisco recebeu as chagas. A mística nada tem a ver com a mediunidade. Pode ser confundida com histerismo ou esquizofrenia ou hipersensibilidade, que são assuntos da medicina, não da religião. O místico é uma pessoa normal. Sempre tem longa caminhada de oração e contemplação, de penitência e de vivência religiosa. Quase sempre o místico é uma pessoa de intensa caridade social.

9. São Benedito, homem caridoso

A Bula fala da multiplicação dos alimentos. O Antigo Testamento conta o milagre do profeta Eliseu, que multiplicou 20 pães a ponto de comerem cem pessoas (*2º Livro dos Reis* 4,42-44). O Novo Testamento conta a multiplicação dos pães feita por Jesus. Segundo o Evangelho de Mateus, havia só cinco pães e Jesus alimentou cinco mil homens, sem contar as mulheres e crianças (*Mateus* 14,15-21). Também de São Benedito se contam multiplicações de alimentos, seja porque chegassem visitas não esperadas, seja porque em dia feriado 50 pedreiros foram trabalhar gratuitamente na construção do aumento do convento e os frades não tinham em casa comida para todos, seja porque havia o costume de pobre nenhum que pedisse comida fosse mandado embora sem nada e muitas vezes lhe era dada a comida preparada para os Frades. Tanta era a confiança de frei Benedito cozinheiro na Providência divina, que, enquanto viveu, não faltou pão na casa.

Depoimento de contemporâneo

Frei Querubim, já mencionado, irmão leigo, que conviveu com frei Benedito dois anos e meio, contou que um dia presenciou na igreja do convento este episódio: um homem estropiado, que não ficava em pé, mas se arrastava, dizia que viera para que frei Benedito o curasse. E viu quando frei Benedito chegou, aproximou-se do doente, fez o sinal da cruz no peito dele e lhe recomendou ter confiança na Mãe Santíssima, porque ela lhe concederia a graça da cura. Frei Benedito fez uma oração com ele e desapareceu convento adentro. O estropiado começou a gritar: "Senhor, misericórdia! Deus me deu a graça! Estou curado!" Levantou-se sobre seus pés sem a ajuda de ninguém, caminhando à vista de todos e glorificando a Deus retornou a pé para casa.

Uma frase de São Benedito

Contra a preguiça costumava dizer: "Os Frades devem servir como anjos, mas fugir dos preguiçosos como demônios".

Mestre de caridade

Não há santo que não tenha sido caridoso. Quando a Igreja abre um processo para canonizar alguém, a primeira condição exigida é que ele tenha sido uma pessoa que se distinguiu pela caridade. É o único mandamento imposto por Jesus. É, portanto, o fundamento da santidade. São Paulo diz que nada somos se não somos caridosos. A caridade tem vários nomes. Ela se chama também amor, solidariedade, acolhimento, ajuda, compaixão. O mais famoso texto sobre a caridade na Sagrada Escritura é de São Paulo: a caridade não é orgulhosa, não é vaidosa, não falta com a cortesia, não satisfaz os próprios interesses, não mostra irritação, não guarda raiva nem rancor, não se alegra com a desgraça alheia. E completa São Paulo: ela é paciente, tudo desculpa, tudo suporta (*1ª Carta aos Coríntios* 13,7). Portanto, a caridade se manifesta em boas ações e também na atitude nossa diante das pessoas e coisas que nos rodeiam e dos fatos que acontecem. Muitas vezes a boa ação é mais fácil do que o controle do nosso julgamento. É mais fácil dar esmola, do que sentar-se e ouvir um mendigo de rua. É mais fácil doar roupas e sapatos velhos a um asilo, do que perdoar aos que nos ofenderam.

São Benedito foi um mestre de caridade: sorria diante dos que zombavam dele por ser analfabeto e filho de escravos. Não xingava os confrades maldosos que batiam a sineta só para vê-lo largar as panelas no fogão e correr ao chamado do sino, porque sabia perdoar sem guardar mágoa, porque sabia compreender a fraqueza dos outros sem se julgar forte e melhor, porque tinha coração e comportamento humildes e simples, todos os seus gestos se revestiam de caridade. Atendia a todos que o procuravam: ricos e pobres, doentes do corpo e necessitados de conselho.

No Evangelho, Jesus dizia: "Vinde a mim, vós todos que estais sobrecarregados e eu vos aliviarei" (*Mateus* 11,28). Benedito tinha a mesma atitude de Jesus. Dava-se por inteiro a todos que precisavam dele. Mais: Jesus dissera que todo bem feito a um necessitado era a Ele, Jesus, que era feito (*Mateus* 25,40). Benedito via nos que iam à portaria pedir a cura de uma doença ou pedir para salvar uma família da desgraça da pobreza extrema, o rosto de Jesus. Assim, a caridade lhe fazia crescer o amor a Jesus, que viera ao mundo para servir (*Mateus* 20,28), fazia-lhe aumentar o amor ao próximo por causa de Jesus e ele se tornava o instrumento de Deus para abençoar o povo, dar-lhe esperança, fortalecê-lo na fé e multiplicar a alegria de viver feliz.

Oração a São Benedito

Ó Deus, nosso Pai, vosso servo São Benedito cumpriu o mandamento da caridade dado por vosso Filho Jesus. Amando a vós e aos irmãos todos os dias da vida, tornou-se um modelo de caridade perfeita. Nele se confundiam caridade e paciência. Nele andavam juntas caridade e humildade. Nele a oração se tornava caridade e a caridade virava oração. Nele eram uma coisa só a caridade e a vida. Por isso não invejava ninguém, não se orgulhava de nada, não buscava os próprios interesses, não tinha falsidade nos olhos e nas palavras. Porque amava a todos, diante de todos estava sempre sereno e alegre. Sua fé se desdobrava em caridade. Sua esperança era de que o amor se multiplicasse, porque onde reina o amor, Deus está presente e onde Deus está presente se faz céu. São Benedito viveu por isso uma vida celestial na terra. Com razão seus contemporâneos o chamavam de anjo da bondade. Senhor, estou muito precisado dessa caridade, que me leve a ajudar a todos, a tolerar a fraqueza dos que me cercam, a me alegrar com os que estão alegres e a chorar com os que choram. Senhor, dai-me a serenidade de São Benedito nas dificuldades. Dai-me o sorriso de São Benedito na caridade. Dai-me a alegria de vos servir, servindo aos que precisam de mim. Amém!

10

SÃO BENEDITO, HOMEM CONSELHEIRO

Da Bula de Canonização

"Não é, portanto, de se admirar que Benedito fosse procurado por todos e toda sorte de pessoas, nobres, doutores, confrades, superiores lhe pedissem ajuda, aconselhassem-se com ele, recomendassem-se a suas orações. Seu comportamento inspirava confiança em todos. Também não é de estranhar que sua fama se difundisse rápido até Nápoles, Roma, Espanha e Portugal.

Mas ele era manso e humilde de coração, julgava-se o último das criaturas e se considerava um grande pecador. Procurava as ocasiões de ser desprezado pelos outros. Fugia das honras e dos elogios e deixava claro que não gostava destas coisas. Para evitar as honrarias, quando saía de casa para visitar doentes ou fazer obras de caridade, escolhia a estrada mais curta e menos frequentada. Para Benedito nada era mais agradável e alegre do que dedicar-se aos serviços mais humildes do convento, mesmo quando foi nomeado guardião do Convento de Palermo."

Algumas explicações

São Benedito nasceu, viveu e morreu e está sepultado na Sicília. A Sicília é uma ilha de 25.710 km², ao sul da Itália, cercada pelo Mar Mediterrâneo que, ao norte se chama Mar Tirreno, a oeste se chama Mar Jônio, a leste está separada do continente pelo Estreito de Messina (apenas três quilômetros). A ilha toda tem pouco mais de cinco milhões de habitantes, dos quais um milhão mora em Palermo, a capital. Habitada séculos antes de Cristo, a Sicília tem uma longa história em todos os sentidos. Na arte, lembro dois monumentos, que são Patrimônio da Humanidade, o Palazzo dei Normanni, em Palermo, com a famosa Capela Palatina, consagrada em 1140; e o Duomo de Monreale, não longe de Palermo, construída em 1176, com preciosíssimos mosaicos. Ainda é bom lembrar que se situa na Sicília o vulcão Etna, de 3.274 m de altura e quase sempre em erupção. Os santos mais conhecidos da Sicília são: São Benedito, Santa Rosália (1130-1160), Santa Águeda (final do século III), Santa Lúcia (ou Luzia – 283-304), Santo Antônio de Categeró (falecido em 1540, também preto e franciscano) e o bem-aventurado Mateus de Agrigento (1376-1450), fundador do Convento de Santa Maria de Jesus, em Palermo, onde viveu São Benedito.

Quem entra numa Ordem religiosa não necessariamente se ordena padre. Bom número faz os votos religiosos de viver em castidade, obediência e pobreza e, com isso, assume todos os deveres e merecimentos da vida religiosa, sem a ordenação sacerdotal. Costumeiramente se chamam "Irmãos Leigos". São Francisco de Assis não era sacerdote. Na Ordem Franciscana foram irmãos leigos: São Benedito de Palermo, São Diogo de Alcalá, São Pascoal Bailón, São Carlos de Sezze, São Gil Maria de São José, São Pedro de Assche, São Conrado de Parzham, São Crispim de Viterbo, São Félix de Cantalice, São Bernardo de Corleone, São Salvador de Horta, São Sebastião Aparício, Santo Inácio de Láconi, São Francisco Maria de Camporosso, São Serafim de Montegranaro, Santo Húmilis de Bisigniano e outros.

10. São Benedito, homem conselheiro

Depoimento de um contemporâneo

Frei Crisanto foi noviço no tempo em que crei Benedito era o guardião do Convento de Santa Maria de Jesus. Era padre e tinha 67 anos quando depôs no processo de 1626. Disse que conversou sempre com frei Benedito e o viu conversando com os outros confrades normalmente. Disse que frei Benedito gostava de admoestar os noviços a receber bem a Eucaristia, a ter um coração caridoso, a fugir dos vícios, praticando as virtudes. Disse que eram numerosas as pessoas que o procuravam no convento e ele sempre lhes dizia que fossem devotas de Jesus Cristo, de sua santa Mãe Maria e de São Francisco. Disse que Benedito era amigo da humildade e se julgava o mais insignificante de todos. Mais vezes nos dizia a nós noviços: "Rezem para que Deus me faça humilde!". E como todos o tratassem por "Senhor", não mostrava nenhum orgulho por isso. No meu tempo de noviço e ele de guardião, ele ia sempre à cozinha lavar os pratos conosco. Duas vezes fui seu companheiro para ir à cidade. Ele evitava as estradas de muita gente e quando alguém queria lhe beijar a mão, ele a escondia na manga do hábito, mas deixava a pessoa beijar o hábito. Muitas vezes nos precedia no coro de madrugada para rezar. Confesso que, muitas vezes, ao ver seus olhos, eles pareciam brilhar como duas luzes. Não fui o único a perceber a luz de seus olhos.

Uma frase de São Benedito

A uma senhora que lhe disse estar atacada por tentações, Benedito disse: Tentação! Tentação! Que maravilha! A Mãe de Deus foi a única a não ter tentações. Todos nós temos tentações!

Excelente conselheiro

Todos nós já buscamos, na vida, um conselho. Talvez, todos já tenhamos tido oportunidade de dar conselhos. Quantos conselhos os pais dão aos filhos! Quantas vezes vocês foram ao padre pedir conselho! Não sei o que é mais difícil: dar um conselho certo ou receber e aplicar o bom conselho recebido. Não é fácil dar conselho! Também não é fácil aceitar conselhos. Há pessoas que têm jeito para pintar, bordar, cozinhar; há pessoas que têm facilidade de cantar; assim também há pessoas que têm jeito para aconselhar. Os bons conselheiros são bem mais raros e difíceis de encontrar do que um artista, um engenheiro ou um escritor.

São Benedito foi um excelente conselheiro. Embora não tivesse feito estudos de teologia e de psicologia e fosse até analfabeto, tinha o dom de conselhos certos, que solucionavam as dificuldades e até mudavam os rumos de vida de quem se aconselhasse com ele. A Sagrada Escritura nos ensina que nos devemos dar bem com todos, mas escolher um conselheiro entre mil amigos (*Eclesiástico* 6,6).

Às vezes a gente diz de quem tem palavras acertadas e aconselha com humildade, que ele está cheio do Espírito Santo. No Evangelho se diz de Jesus, que ficou cheio do Espírito Santo (*Lucas* 4,1). A mesma coisa se diz de Santa Isabel, mãe de João Batista, quando recebeu a visita de Maria (*Lucas* 1,41). Também de São Benedito dizemos que vivia cheio do Espírito Santo e por isso seus conselhos eram tão acertados. Era procurado pelo vice-rei da Sicília, pelo arcebispo de Palermo, pelos superiores religiosos, pelos marinheiros, pelos negociantes, pelos casais em dificuldades, pelos enfermos de doenças desconhecidas dos médicos, pelo povo sofrido. Havia dias que Benedito não podia fazer direito os trabalhos caseiros do convento, de tantos que o procuravam na portaria para aconselhamento.

O Livro dos Provérbios compara o bom conselheiro a um poço de água cristalina, onde todos podem ir encher os baldes (20,5). São Benedito era esse poço. Por isso, olhando para São Benedito, podemos chamá-lo com o profeta Isaías de "Conselheiro admirável" (9,5).

Os contemporâneos de São Benedito contam que ele conhecia tanto as dificuldades do povo que chegava a dizer à pessoa que ia se aconselhar qual era o problema, antes que ela

10. São Benedito, homem conselheiro

contasse. Benedito atendia a pessoa com tanto jeito e amor fraterno que a gente não conseguia dizer o que mais bem fizera à pessoa: se o conselho dado por ele, se o carinho e o respeito demonstrado por ele, se a bênção que ele dava, invocando a proteção da Mãe de Deus. Todos voltavam para casa confortados e felizes. E de novo a gente se lembra da frase da Sagrada Escritura: "Saber dar um conselho e saber recebê-lo é dupla fonte de alegria" (*Provérbios* 15,23) (*Dom João Bosco Barbosa de Sousa, OFM, bispo de Osasco, SP*).

Oração a São Benedito

Ó Deus, nosso Pai, vosso servo São Benedito, embora analfabeto, foi um grande conselheiro de grandes e pequenos. Isto porque vós lhe destes o dom da sabedoria, que o fazia conhecer os segredos do coração, distinguir com clareza entre o bem e o mal, entre o justo e o injusto. Por intercessão de São Benedito, dai-me a inteligência para compreender o certo e o errado; dai-me a força da vontade para escolher sempre o que é correto a vossos olhos e transformá-lo em boas obras; dai-me um coração rico de bons sentimentos, sobretudo a compreensão e o amor fraterno, a generosidade em partilhar o que tenho e o que sou, a humildade no receber e a alegria de sempre vos servir na pessoa de meus irmãos e irmãs. Amém!

11

SÃO BENEDITO, HOMEM PRUDENTE

Da Bula de Canonização

"Os superiores da Província da Sicília admiravam tanto as virtudes de Benedito, sobretudo sua prudência, que, entre tantos outros frades capazes, escolheram a ele como guardião da Fraternidade de Palermo. Fazia, então, pouco tempo que o Convento de Palermo assumira o compromisso de rigorosa disciplina. Benedito foi escolhido para garantir e reforçar a disciplina. Quando foi convidado para o cargo, relutou em aceitar, aludiu à sua ignorância e à sua condição humilde, aludiu ainda a outras razões ditadas por sua humildade. Mas quando os superiores o confirmaram, lembrando o voto de obediência, Benedito obedeceu imediatamente e não disse mais palavra contra. Correspondeu ao desejo dos superiores e levou seus frades a viver uma disciplina ainda mais rigorosa, ora com admoestações, ora com o exemplo, ora com a suavidade e doçura de sua palavra, e isto também na hora de punir alguma falta mais grave."

Algumas explicações

A Bula fala em "guardião". Na Ordem Franciscana se chama "guardião" o superior de um convento. São Francisco não gostava da palavra "superior" porque não queria ninguém "inferior". Por isso chamou o "superior" de guardião. Segundo as Constituições Gerais franciscanas, o guardião tem como principal incumbência "fomentar o bem da Fraternidade e dos irmãos, zelar cuidadosamente pela vida e disciplina religiosa, coordenar as atividades e promover a obediência ativa e responsável dos irmãos em espírito de verdadeira fraternidade". O guardião de uma casa é escolhido pelo Ministro provincial e seu Conselho para um triênio. Pode ser reconduzido para um segundo triênio. Só em caso de absoluta necessidade pode ser nomeado para um terceiro triênio, mas, neste caso, precisa pedir licença ao Ministro Geral, em Roma. O guardião não governa sozinho a Fraternidade. Deve mensalmente reunir os seus Frades e com eles fazer o balanço do mês que passou e o programa do mês seguinte. A esta reunião mensal os Frades chamam de "Capítulo Local" e é nele que se tomam todas as decisões e se elabora a pauta dos trabalhos, inclusive os trabalhos e os métodos pastorais.

Terminado o primeiro triênio (1583-1585), frei Benedito não foi reconduzido, por razões de saúde, mas permaneceu mais três anos como "vigário" da casa, ou seja, o eventual substituto do Guardião e seu primeiro auxiliar.

Depoimento de um contemporâneo

André Bertuccia, de 64 anos, declarou no processo de 1626 que conheceu frei Benedito em vida e falou muitas vezes com ele no convento. Disse que lhe tinha muito respeito e devoção, porque tanto ele quanto os demais o consideravam homem virtuoso, cheio de bom senso e santo. Disse que eram amigos. E que a fama de São Benedito como santo cresceu muito depois de sua morte e se multiplicaram os milagres junto de seu túmulo ou ao toque de algumas relíquias dele que circulavam como tesouros.

11. São Benedito, homem prudente

Contou que um dia, indo ao convento, encontrou-se com um padre diocesano, que era capelão da marinha embarcada. Que ele há muito tempo torcia para o navio atracar em Palermo para poder visitar o túmulo de São Benedito, de quem ouvia falar em todos os portos da Europa. E afirmou o padre que ficara profundamente comovido, porque junto à sepultura tivera a impressão de estar falando com um anjo de Deus.

Uma frase de São Benedito

Nada se deve pedir contra a justiça.

Bom senso: fundamento das virtudes

Quando Jesus falou da vigilância que devemos ter, porque não sabemos o dia e a hora da prestação de contas do que fizemos com a nossa vida, perguntou em voz alta aos discípulos: "Quem será o servo fiel e prudente que eu posso pôr à frente dos outros servos para alimentá-los no momento oportuno?" (*Mateus* 24,45). Podemos responder com toda certeza: é São Benedito, porque foi um servo do Senhor, um servo fiel em tudo, um servo prudente. Servo, na Sagrada Escritura, é a pessoa que recebeu uma missão especial de Deus e a cumpriu. Maria é a serva do Senhor, como ela mesma se chamou no *Magnificat*, porque recebeu a missão de ser a mãe do Salvador, aceitou a missão e a cumpriu.

São Benedito recebeu a missão de reavivar o carisma do eremitério e da penitência, da humildade simples e do serviço gratuito, da perfeita união entre a oração intensa e o trabalho diário. E tudo isso com prudência, ou seja, sem espalhafato nem embustes, sem grandezas nem exigências, sem cargos nem títulos. Costumamos dizer que a prudência é um dom do Espírito Santo. É uma das quatro virtudes cardeais. "Cardeal" aqui tem o sentido de "dobradiça" de uma porta: ela permite abrir e fechar. A prudência, então, abre e fecha para as outras virtudes. Aliás, Santo Antônio chega a dizer que quem não é prudente não possui nenhuma virtude. Eu gosto de chamar a virtude da prudência com outro nome: bom senso. Quem não tem bom senso não tem capacidade de adquirir outras qualidades.

São Benedito foi um homem de bom senso: aceitou a missão que Deus lhe deu, trabalhou nela com todas as suas forças e com todo o equilíbrio, isto é, cultivando em tudo a dimensão para Deus, a dimensão para o próximo e a dimensão para seu próprio coração. Sem exagerar nenhuma delas. Sem esticar uma em detrimento da outra. Por isso sua oração se tornava trabalho e seu trabalho se tornava oração. Sua contemplação e penitência se transformavam em caridade e sua caridade era o alimento de sua contemplação.

Prova desse equilíbrio humano era sua serenidade, seu sorriso permanente, sua disponibilidade para qualquer serviço. Era analfabeto de letras, mas sábio em humanidade e nas coisas de Deus. Estando cheio de humanidade e das coisas de Deus, suas palavras eram sempre sensatas, realistas e divinas ao mesmo tempo. Por isso era bom conselheiro, bom consolador, paciente em tudo, sempre alegre, sempre irradiando paz e ternura. Isso entre os confrades, no meio do povo, lidando com as panelas na cozinha ou com as enfermidades e espinhos da vida. Talvez, pensando numa pessoa como São Benedito foi que o autor do Livro dos Provérbios escreveu que o homem que conserva a calma em tudo o que faz é um homem de bom senso (17,27), jamais será peso ou incômodo para os outros e será para todos o ponto de referência da santidade.

11. São Benedito, homem prudente

Oração a São Benedito

Ó Deus, nosso Pai, gostaria de ter o coração humilde, os olhos serenos e a afabilidade de São Benedito. Nada na vida o envaidecia. Nada o irritava. Nada o fazia falar com rispidez. Era um homem equilibrado. Por isso era um homem de bom senso, modelo de prudência e sabedoria. Ele tanto era do vosso agrado, quanto encantava as pessoas que o procuravam para dele receber algum favor. E o que mais recebiam dele era a vossa bênção.

A Sagrada Escritura ensina que a prudência vale mais do que um tesouro, porque o tesouro, por maior que seja, tem um limite de preço, mas a prudência é de preço infinito, mesmo porque dela dependem todas as qualidades humanas. Qualquer conhecimento depende do bom senso. Por isso vosso servo São Benedito, sendo prudente, tinha todas as qualidades humanas para aconselhar, para consolar, para orientar na dúvida, para ajudar a encontrar a solução certa nas dificuldades da vida. Dai-me, Senhor, pela intercessão de São Benedito, a virtude da prudência, que me ajude a discernir com clareza a vossa vontade a meu respeito e possa com minhas palavras amigas e equilibradas ajudar a meus irmãos e irmãs a encontrarem seu caminho de felicidade, que termina em vós, que sois a felicidade eterna. Amém!

12

SÃO BENEDITO, HOMEM UNIVERSAL

Da Bula de Canonização

"Seu tempo de guardião durou três anos. Terminado o mandato, retornou à sua vida na solidão e viveu ainda com mais empenho as virtudes até o dia em que, por divina revelação, soube que sua morte estava próxima. Suportou, então, por trinta dias uma grave doença, com espírito alegre e bem disposto, sem exigir nada, mas também sem rejeitar a medicina que lhe davam. Doente, continuava a rezar como podia e a contemplar as coisas de Deus, particularmente a dolorosíssima paixão sofrida por Cristo. Antes de receber a última Comunhão, enrolou o cordão no pescoço, pediu perdão aos confrades, chorou, renovou a fé, expressou todo o ardor de sua caridade e recebeu o Corpo de Cristo como viático.

Recebida a Eucaristia, entrou em êxtase, cruzou em forma de cruz as mãos sobre o peito, levantou os olhos para o céu e repetiu várias vezes os doces nomes de Jesus e de Maria. Recitando as palavras do salmo 'Nas tuas mãos, Senhor, entrego o meu espírito', voou para o seio do Pai, para o abraço eterno de Deus, a quem amara em todas as circunstâncias da vida. Era o dia 4 de abril de 1589, terça-feira de Páscoa. Tinha 63 anos. Como predissera, poucos estiveram presentes ao funeral. Mas, no dia seguinte, uma imensa multidão de gente, tomada de grande emoção, de todas as classes e condições, invadiu a igreja. Todos queriam alguma relíquia, alguma lembrança. Os frades tiveram dificuldade para salvar a integridade da sepultura de frei Benedito. Além dos milagres e graças que muitos tinham recebido dele enquanto vivia, Deus fez crescer a fama de sua santidade. Se todos já tinham Benedito em seus corações, agora seu nome correu a Europa inteira e foi ainda mais longe, alcançou a América."

Algumas explicações

A Bula fala em grave doença. Não sabemos qual foi a doença. Nos depoimentos dos três enfermeiros que se revezavam dia e noite nos últimos trinta dias se fala sempre em febre alta. Sabemos o nome dos três enfermeiros: frei Guilherme de Piazza, frei Francisco de Gênova e frei Paulo de Piazza. Sabemos também que ele conservou o bom humor e a consciência até o último momento. Duas provas de seu bom humor: frei Guilherme começou a preparar umas velas para acender na hora da morte. Benedito lhe disse: pode esperar mais um pouco! Eu te aviso quando chegar a hora! E cumpriu a promessa. O guardião, para ter certeza de que ele ainda estava consciente, comentou: "frei Benedito, vamos ter um imenso trabalho quando você morrer, porque Palermo inteira vai querer vê-lo antes da sepultura!". E Benedito: "Padre guardião, no dia do meu funeral, quase ninguém vai estar presente. Mas no dia seguinte ao sepultamento vocês vão ter, de fato, muito trabalho, por isso tratem de me sepultar no mesmo dia". Assim fizeram os frades. No dia em que Benedito morreu, o povo estava todo numa festa de igreja, inclusive o arcebispo e o vice-rei. Mas no dia seguinte, a começar com o arcebispo e o vice-rei, Palermo inteira apareceu no convento.

12. São Benedito, homem universal

A Bula fala em *viático*. Viático era o lanche que se levava para comer na estrada. A Igreja adotou este nome para a provável última Comunhão, lembrada da frase de Jesus "Eu sou o pão da vida. Quem comer deste pão viverá para sempre". Viático, portanto, é a Eucaristia que recebemos pouco antes da morte, como garantia de vida eterna.

A Bula fala que a fama de sua santidade alcançou a América. De fato, o processo aberto em Roma foi para analisar o vasto culto a São Benedito em quase toda a América Latina, embora ele ainda não fosse canonizado. Sua imagem estava em muitos altares de igrejas paroquiais e em capelas; havia irmandades que o tinham como padroeiro; era padroeiro declarado de vilas; era nome de rios; padres celebravam festas e a missa em sua honra; faziam-se procissões com o Santo em trajes típicos por sobre o hábito franciscano levado em andor. A devoção a São Benedito, em 1700, era intensa em todo o Brasil, Peru, Venezuela, México, às vezes misturada ao folclore, às vezes misturada ao sincretismo, mas sempre como modelo de homem bom, humilde, santo e milagreiro, sempre como um santo popular, acessível a pobres e ricos, a escravos e livres. Até hoje, no Brasil, São Benedito é o terceiro santo mais invocado, vindo depois de Santo Antônio e de São Francisco das Chagas.

Depoimento de um contemporâneo

Frei Lucas Calvo, padre franciscano, que ocupou vários cargos importantes na Ordem, e conviveu com frei Benedito e esteve presente no sepultamento, afirmou no processo de 1621 que, no dia seguinte ao sepultamento, quase toda a cidade de Palermo acorreu ao Convento Jesus Maria para visitar a sepultura. Ele, frei Lucas, fora um dos frades que cuidou naquele dia da sepultura e das coisas de frei Benedito, porque todo o mundo queria uma relíquia de seu hábito ou uma lembrança dele. Afirmou que desde o dia de sua morte até a data do depoimento o povo vai à sepultura com muita devoção, faz-lhe muitos pedidos e lhe agradece com ex-votos em madeira e em placas de prata.

Afirmou ainda que, chegada a licença de Roma, seu corpo foi tirado da sepultura comum e levado a uma nova na sacristia. E disse que ele, frei Lucas, estava presente naquela hora juntamente com frei Galatino, depois nomeado bispo na Puglia. E afirmou que o corpo estava intacto e incorrupto, menos as narinas, apesar da umidade da velha sepultura. Mas não havia nenhum mau cheiro.

Uma frase de São Benedito

O Santo, por pudor, escondia as mãos dentro das mangas, porque sempre havia gente que queria beijá-las. A alguns frades, que viam nisso exagerado escrúpulo, disse: Nesses cerimoniosos beijos, ordinariamente o diabo leva vantagem e quase sempre sabe enganar.

Homem sem fronteiras

Nascido de pais oriundos da África, São Benedito, apelidado "Africano" por causa da cor de sua pele, ensina-nos que Deus não é parcial na distribuição de seus dons e que diante dele "não há judeu nem grego nem escravo nem livre" e que todo homem possui igual dignidade, merece o mesmo amor e é chamado à mesma santidade.

A contemplação a que São Benedito se entregou no silêncio do Eremitério e depois na solidão do Convento de Santa Maria de Jesus, em Palermo, é um alerta a quantos se perdem nas coisas efêmeras e se esvaziam no frenesi do consumismo. Possam eles descobrir os verdadeiros valores, em que o coração repousa com serenidade, em que se encontram a fonte e a raiz de todas as certezas, em que se pode estar a sós com Deus e ao mesmo tempo com a multidão "de todas as raças, línguas e nações" para reconduzir as criaturas, uma a uma, ao Criador, Senhor e Pai.

À nossa sociedade, que passa por várias crises, dominada que está pela lógica do ter e do poder, São Benedito repropõe o valor do ser humano e da liberdade interior. Ele oferece ao

12. São Benedito, homem universal

nosso tempo uma mensagem espiritual e social, capaz de nos conduzir para o caminho da igualdade na multiplicidade, da unidade portadora de paz, porque aponta para Jesus Cristo, único e insubstituível bem, como centro do desenvolvimento da história e do universo.

Homem sem fronteiras, tem suas raízes plantadas na África, o continente da esperança; nasce na Europa, o continente do renascimento; vive na Sicília, coração do Mediterrâneo; é amado e venerado na América Latina, como sinal de promoção e de libertação humana e cristã (*Frei Cataldo Migliazzo, texto de 1989*).

Oração a São Benedito

Ó Deus, nosso Pai, vosso servo São Benedito compreendeu que todos somos vossos filhos amados, independentemente da cor da pele, do país em que nascemos, da cultura que temos e do modo de rezar que aprendemos. Ele vos amava de todo o coração e falava de vós com muita sabedoria. Ele era filho de escravos negros, mas não conheceu a escravidão do pecado, do ódio, da separação. Ele nunca em vida saiu de sua terra natal, a Sicília, mas sua fama de santo correu o mundo todo e ele foi e é venerado na Europa, na África, na América e até mesmo no extremo Oriente. São Benedito é um santo universal. Dele se pode dizer o que a Igreja diz dos Apóstolos de Jesus: "Seu nome encheu toda a terra". Ó Deus, nosso Pai, quero pedir, por intercessão de São Benedito, a graça de amar a todos, não importando se é rico ou pobre, se é amigo ou não, se reza comigo ou não tem religião. Dai-me a graça de nunca afastar ninguém porque é diferente de mim ou não simpatiza comigo. Olhando para o exemplo de São Benedito, quero cumprir o mandamento de Jesus: "Amai-vos como eu vos amei!" Que São Benedito me acompanhe e proteja! Amém!

13
SÃO BENEDITO, HOMEM COZINHEIRO

Da Bula de Canonização

"No dia 4 de maio de 1592, com a permissão do cardeal Mattei, Protetor da Ordem Franciscana, a sepultura de frei Benedito foi aberta e seu corpo transportado para a sacristia. Pareceu extraordinário o fato de seu corpo, que por três anos estivera em sepultura úmida, se conservasse intacto, apesar de não ter sido embalsamado. E extraordinário também foi que de seu corpo se desprendesse um suavíssimo perfume, que perdurou longo tempo.

O mesmo cardeal Mattei, dois anos mais tarde, ordenou ao arcebispo de Palermo abrir o processo sobre as virtudes heroicas e os milagres de frei Benedito, conforme as leis da Igreja. O processo se fez e durou um ano. Como parecia evidente que Deus queria mostrar a santidade de seu servo com numerosos prodígios, e como tivesse sido apresentado à Sé Apostólica o pedido de Felipe IV, rei de Espanha e das Duas Sicílias, e também o pedido de todo o clero e povo de Palermo, a Congregação dos Ritos permitiu que o corpo de Benedito fosse transladado da sacristia para a igreja e posto em urna especial, elevada acima do chão. Esse translado foi feito no dia 3 de outubro de 1611, pelo cardeal Gianettino Doria, então arcebispo de Palermo".

Algumas explicações

São Francisco de Assis escreveu na Regra de vida dos Franciscanos: "Peçam ao Senhor papa um dos cardeais da Santa Igreja Romana, que seja governador, protetor e corretor da irmandade, para que, sempre súditos e sujeitos aos pés da Santa Igreja, firmes na fé católica, guardemos a pobreza e a humildade e o santo Evangelho de Nosso Senhor Jesus Cristo, como firmemente prometemos". O cardeal Mattei, portanto, em maio de 1592, exercia essa função.

Felipe IV, nascido em 1605 e falecido em 1665, tornou-se rei da Espanha e da Sicília em 1621, quando tinha 16 anos e reinou durante 44 anos. Foi também rei de Nápoles, rei da Sardenha, rei de Jerusalém, rei dos Países Baixos. Sobretudo rei de Portugal, de 1621 a 1640, com o nome de Felipe III. Era rei de Espanha e Portugal, quando os holandeses, aproveitando a fraqueza de Portugal, invadiram a Bahia, em 1624, e Pernambuco, em 1630, que não tinham ligações com a Espanha.

Na Bula se fala em Duas Sicílias. Trata-se do Reino da Sicília (ilha) e do Reino de Nápoles (todo o sul continental da Itália). Garibaldi, em 1861, anexou ambos ao novo Estado, o Reino da Itália. No tempo de São Benedito, a Sicília era governada por um vice-rei. O vice-rei Diego Enríquez de Gusman costumava aconselhar-se com frei Benedito e para isso ia muitas vezes ao convento e outras tantas vezes o chamava a palácio. Lembremos ainda que a Sicília ocupa um lugar geográfico privilegiado no mapa da navegação europeia, asiática e africana. Por isso tantos povos deixaram lá sua marca cultural: gregos e árabes já antes de Cristo, mais tarde normandos, teutões (povos franceses e germânicos) e hispano-lusos.

13. São Benedito, homem cozinheiro

Depoimento de um contemporâneo

Padre Miguel Luparello depôs no processo de 1626: Eu não estava presente, mas sei do fato por boca de frei Ângelo de Caltagerona, um homem santo que, depois de sua morte, teve o processo aberto para a beatificação. Ele estava presente naquele dia no convento. Era dia de Natal. Visitava o convento Mons. Aedo, mais tarde arcebispo de Palermo, e quis almoçar com os frades. O cozinheiro era, então, frei Benedito. Mas ele se aprofundara tanto na oração, que esquecera de aprontar o almoço. Quase na hora do almoço, o guardião foi à cozinha ver como estavam as coisas e não achou nada preparado. Procurou, preocupado, frei Benedito e o repreendeu pelo descuido, pelo atraso que haveria, e pela vergonha que a Comunidade passaria. Frei Benedito, com muita serenidade, disse-lhe que, à hora costumeira, tocasse a sineta e fosse ao refeitório com os frades e o monsenhor, porque Deus haveria de providenciar tudo. Falou com tanta segurança e certeza que o guardião, na hora de sempre, bateu o sino e se dirigiu com o monsenhor e os frades ao refeitório.

As travessas estavam preparadas. Havia comida para todos. Guardião e frades ficaram admirados, porque viram na cozinha alguns jovens de avental branco, ajudando Benedito. Todos se convenceram de que eram anjos do céu, que desceram em socorro de Benedito, porque não era possível um só cozinheiro preparar em tão pouco tempo tanta e tão festiva comida. Frei Ângelo, que lá estava, e era confessor de frei Benedito, ficou convencido de que naquele almoço havia a mão de Deus.

Uma frase de São Benedito

Na sua última enfermidade, tendo ouvido do enfermeiro a ordem do médico de lhe dar duas gemas de ovo, disse: "A mim não ajudarão nada; melhor seria dar as duas gemas aos pobres; mas vou obedecer e comer as duas gemas".

Café de São Benedito

Transportado para Brasil o costume fidalgo dos doces das freiras, não ficamos imunes aos hábitos religiosos da gente simples de Portugal. Gilberto Freyre observou a estreita intimidade dos brasileiros dos tempos antigos, onde os santos eram trazidos pra dentro da casa e tratados como pessoas da família. Não se julgue, porém, que estas práticas ficaram perdidas nas dobras dos tempos. Ora, no início do ano 2000, enquanto tomávamos café à beira da pia, minha diarista ia contando distraidamente um caso vulgar, e a certa altura comentou como outra patroa costumava insistir para que não se esquecesse de servir o café para São Benedito. Certa de ter ouvido errado pedi que repetisse o que acabava de dizer. E ela então explicou pacientemente para esta ignorante moradora da cidade grande do que se tratava o *café de São Benedito*. Fiquei pasma, como naquele limiar de um novo milênio, uma moradora de um fino, bairro de São Paulo ainda mandasse servir diariamente um copo de café retinto para o santo. Como então eu desconhecesse completamente o costume, saí à procura de livros que confirmassem esta prática. Fiquei sabendo então que o santo – que teve por certo tempo a função de cozinheiro em sua ordem – foi incumbido pelo povo brasileiro da função de protegê-lo da falta de alimento e outros desastres na cozinha. O costume de servir café adoçado à imagem seria uma forma de recompensá-lo por esta fiel vigilância?

O culto aos santos protetores das panelas devia-se às enormes dificuldades dos primeiros anos de povoamento quando, faltando tudo, apesar da fertilidade da terra observada desde os tempos de Pero Vaz de Caminha, faltava também o que comer. Não é impossível também que o costume se deva ao fato de que a cozinha das casas grandes, entregue aos cuidados do escravo negro, de quem São Benedito, ao lado de Nossa Senhora do Rosário era o protetor natural, como se atestam as muitas irmandades e confrarias surgidas sob o patrocínio dessas devoções (*Maria Aparecida Sartini, texto de 2014*).

13. São Benedito, homem cozinheiro

Oração a São Benedito

Ó Deus, nosso Pai, vosso filho, São Benedito, exerceu durante muitos anos o trabalho de cozinheiro numa numerosa comunidade de homens no Convento de Santa Maria de Jesus. Hoje, nós o veneramos, como padroeiro da cozinha de nossa casa. Olhando para São Benedito, peço-vos quatro coisas: que eu faça com muito amor todo o trabalho da cozinha e de dona da casa, a ponto de servir com alegria e gosto a todos; que nunca falte comida em nossa mesa; que eu nunca jogue no lixo a comida velha; e que sempre tenha o suficiente para repartir o alimento com os necessitados. Estas quatro coisas vosso Servo São Benedito as praticou em vida e por isso era cozinheiro amado e respeitado por todos. Ajudai-me, Pai do Céu, pela intercessão de São Benedito, a fazer da nossa mesa um lugar de encontro e de bênção para toda a nossa família. Amém!

14

SÃO BENEDITO, HOMEM PACIENTE

Da Bula de Canonização

"Foram recolhidos inúmeros testemunhos sobre o culto popular e sobre as honras dadas a Benedito. Na sua sepultura se podiam ver ex-votos e retratos e, em muitos lugares, sua imagem era venerada no altar. Por isso, em 1620, foi montado um novo processo regular. Depois a Sé Apostólica mandou instaurar outros dois: um em Palermo, em 1625, e outro em São Filadelfo, em 1626. Nestes dois processos foram recolhidas todas as provas sobre as virtudes e milagres do servo de Deus. Nesse entretempo, nosso predecessor Urbano VIII baixou novas normas a respeito dos processos de beatificação. Mas essas normas foram mal interpretadas e o processo de Benedito foi interrompido até 1713, quando foi reaberto mais uma vez por vontade de nosso predecessor Clemente XII, de santa memória.

Assim, retomado o processo em Palermo e em Roma em torno do culto que o povo prestava a Benedito e por duas vezes examinada a questão pela Congregação dos Santos Ritos, finalmente, no dia 10 de maio de 1743, foi emanado o decreto: o culto público ao beato Benedito era uma realidade e estava garantida a exceção prevista pelo papa Urbano VIII, nosso predecessor. O também nosso predecessor Bento XIV, de recente memória, aprovou o resultado do processo no dia 15 de maio de 1743. Pouco depois, Bento XIV concedeu à Família Franciscana a permissão de rezar o Ofício do Bem-Aventurado Benedito. Também o Clero da diocese de Palermo e da cidade de São Fratello recebeu a permissão. Mais: o papa deu licença de celebrar a Missa do Comum dos Confessores não Bispos, com oração própria do Beato Benedito. Outro nosso predecessor, Clemente XIII, concedeu leituras próprias do Bem-Aventurado Benedito para o segundo noturno das Matinas."

Algumas explicações

A Igreja distingue entre culto privado e culto público. Toda pessoa tem direito a ter sua devoção particular e pedir ajuda a uma pessoa falecida em fama de santidade. Mesmo porque é doutrina da Igreja que nós, os vivos na terra, os nossos mortos e todos os santos formamos uma só família, a chamada "Comunhão dos Santos". Nós podemos ajudar nossos mortos com nossa oração e os mortos podem interceder por nós junto de Deus a nosso favor. Disse o papa Paulo VI no *Credo do Povo de Deus*: "Cremos na comunhão de todos os fiéis de Cristo, dos que são peregrinos na terra, dos defuntos que estão terminando sua purificação, dos bem-aventurados do céu, formando todos juntos uma só Igreja, e cremos que nesta comunhão o amor misericordioso de Deus e dos seus santos está sempre à escuta das nossas orações". O culto público só é concedido aos que a Igreja oficialmente reconhece por santos ou bem-aventurados. Costuma-se dizer: os que foram elevados à honra dos altares. Porque só podem ser cultuados no altar de uma igreja pública os que foram beatificados ou canonizados. A eles nós prestamos o culto de veneração, jamais de adoração (que é devida só e unicamente a Deus).

A Bula fala em "segundo noturno". A oração oficial da Igreja até a última reforma litúrgica feita pelo Concílio Vaticano II chamava-se Ofício Divino, e era composto das Matinas (rezadas de madrugada), das Laudes (rezadas depois do amanhecer), da Terça, Sexta e Nona (rezadas ao longo do dia), das Vésperas (rezadas ao pôr do sol) e das Completas (rezadas antes de deitar). As Matinas eram compostas de três partes, chamadas "Noturnos". No segundo Noturno, lia-se uma pequena biografia do santo do dia. O papa Clemente XIII, portanto, permitiu que se lesse a biografia de Benedito dentro da oração oficial da Igreja.

Depoimento de um contemporâneo

Frei Lucas Calvo, natural de Palermo, franciscano e padre, tinha 60 anos quando depôs no processo de 1621. Afirmou que conviveu com frei Benedito, falou muitas vezes com ele, que era boníssimo e santo religioso tanto diante dos confrades quanto do povo. Afirmou que Benedito era amante da pobreza e era de extrema simplicidade. Que era modesto quando falava com homens ou mulheres, conservando sempre os olhos baixos e nunca deixava que lhe beijasse as mãos. Disse que era dotado de grande paciência, mesmo quando (como aconteceu algumas vezes) alguém zombou dele.

Frei Miguel de Girgenti conviveu seis meses com frei Benedito. No Processo de 1526, disse que frei Benedito se destacava por todas as virtudes, mas, particularmente, pela caridade, que o levava a atender com extremada paciência aos que o procuravam carregados de aflições e sofrimentos. Tinha por eles uma ternura imensa e cuidava de que ninguém fosse embora sem sentir o coração consolado. Sua paciência tinha raízes no amor a Deus e ao próximo, que todos admiravam.

Uma frase de São Benedito

Para provar sua obediência, algumas vezes um frade batia no sino o sinal de chamada de frei Benedito, sem nenhuma necessidade. Benedito acorria imediatamente e enquanto se riam dele, ele sorridente, costumava dizer: "A mim me basta ter obedecido".

Tornou-se paciente

O assunto da nossa reflexão hoje todos vocês conhecem de experiência. Duvido que entre vocês haja alguém que nunca se arrependeu do pecado da impaciência. Falamos, portanto, de um assunto muito nosso, assunto de cada dia. E se lhes digo que a paciência foi uma das grandes virtudes de São Benedito, estou dizendo que São Benedito foi uma pessoa parecida conosco. Teve as mesmas dificuldades. Mas soube vencer as que dependiam de seu esforço e a suportar aquelas que não dependiam dele.

Porque há coisas que dependem de nós e nós podemos aceitar ou não aceitar, deixar de lado ou caminhar no meio delas. Mas acontecem coisas que não dependem de nós. Suportar as coisas que não dependem de nós é paciência. Superar as coisas que dependem de nós é paciência corajosa ou, se quiserem, é a coragem da paciência. Vou dar dois exemplos: devo suportar o mau tempo justamente no dia da festa do padroeiro. O tempo não depende de mim e devo suportar com paciência. Diferente quando tomo conta de minha idosa mãe, que precisa dos meus cuidados e a todo momento me faz as mesmas perguntas. Eu devo superar o meu nervosismo, manter meu tom de voz suave e amigo como se fosse a primeira vez que ela me faz a pergunta.

São Benedito me ensina a paciência nos dois casos. Quando alguém zombava dele por ser negro, filho de escravos e analfabeto, ele sorria, ele suportava a ofensa e até se sentia feliz porque também Jesus sofrera zombarias na hora da flagelação. Ninguém conseguia tirar de São Benedito a serenidade. Quando o papa suprimiu o seu grupo de penitentes e eremitas, sem dar razões, apesar de serem todos homens adultos e de vida santa, São Benedito não protestou, não se revoltou. Pacientemente procurou abrigo no convento dos Franciscanos. A São Benedito se aplicam bem as palavras do *Livro dos Provérbios* (16,32): "Mais vale o homem paciente do que aquele que banca valentia" (*Dom João Bosco Barbosa de Sousa, OFM, bispo de Osasco, SP*).

14. São Benedito, homem paciente

Oração a São Benedito

Ó Deus, nosso Pai, vosso servo São Benedito foi um mestre de paciência, resistindo a zombarias e maldades, a sofrimentos e tentações. Todos os seus contemporâneos elogiam sua serenidade nas horas difíceis e no cansaço do trabalho. Ele sabia unir a humildade à paciência, a paciência à prudência. O convívio com estas virtudes lhe dava segurança nas decisões e na prática da caridade. O exercício da paciência fez de São Benedito um santo sempre alegre e forte nas contrariedades. Eu preciso da paciência para resistir ao mal. Eu preciso da paciência para que o bem e a bondade frutifiquem com vigor dentro de mim e em torno de mim. Eu preciso da paciência para conviver pacificamente com todos, bons e maus, santos e pecadores. Eu preciso da paciência para carregar minha cruz e ser bom discípulo de Jesus como o foi São Benedito. Dai-me coragem, Senhor! Dai-me a força da paciência, que distinguiu São Benedito! Amém!

15

SÃO BENEDITO, HOMEM ALEGRE

Da Bula de Canonização

"Para poder inscrever o Bem-Aventurado Benedito no catálogo dos santos, foi preciso, obedecendo às disposições ordinárias da Santa Igreja Romana, mais um exame de suas virtudes. Depois de cumprir este item, a Congregação dos Santos Ritos se pronunciou, declarando que as virtudes do Bem-Aventurado Benedito eram singulares e muito heroicas. Este decreto foi confirmado pela autoridade de Pio VI, de piedosa memória, nosso predecessor imediato, no dia 15 de abril de 1777.

Faltava ainda a questão dos milagres. Foram apresentados aos cardeais, que cuidavam da causa, quatro milagres que se afirmava haver Deus feito por intercessão do Bem-Aventurado Benedito depois que a Congregação dos Santos Ritos permitiu que se lhe concedesse o culto público. Dos quatro milagres somente dois (e não se pediam mais) foram examinados com extremo cuidado na reunião do dia 6 de abril de 1790 e foram aprovados por voto unânime dos cardeais e o próprio papa Pio VI, nosso predecessor, decretou que fossem considerados milagres.

Este foi o primeiro milagre: Francisco Centíneo Capizzi, um menino de nove anos, da cidade de São Fratello, teve a garganta perfurada por uma bala de fuzil. A ferida era tão grave que ele respirava mais pela traqueia perfurada do que pela boca. Não havia esperança de cura. Mas quando aproximaram da garganta perfurada uma relíquia do Bem-Aventurado Benedito, formou-se logo uma cicatriz e o menino se curou.

O segundo milagre foi este: Felipe Scaglione, da cidade de São Fratello, desde o nascimento até a idade de 14 anos, sofria de grave enfermidade nos pés, de tal forma que não ficava em pé sozinho, nem podia se mover e muito menos caminhar. Ele implorou a ajuda de São Benedito. Viu então diante de si um franciscano que o convidava a se levantar e caminhar e lhe dizia que estava curado. O menino, certo de que aquele frade era o Bem-Aventurado Benedito, que ele invocara, obedeceu, levantou-se e caminhou normalmente."

Algumas explicações

A Igreja distingue muito bem entre graça alcançada e milagre. O povo nem sempre distingue. Milagre só existe quando nenhuma ciência explica o acontecido. Inúmeras curas, que podem ser graças alcançadas, não são consideradas milagres, porque podem ser explicadas pela psicologia ou por outra ciência que estuda o comportamento humano. Na história de São Benedito, em vida e depois da morte, contam-se centenas e centenas de graças alcançadas, mas encontramos alguns verdadeiros milagres, que nem a medicina do tempo nem a medicina de hoje explicam. A comissão de médicos que examina os milagres no processo de beatificação costuma ser muito rigorosa e criteriosa.

Observe-se a expressão da Bula: "quatro milagres que se afirmava haver Deus feito por intercessão do Bem-Aventurado Benedito". A Igreja não ensina que o santo faz milagre. O milagre é sempre obra de Deus. O santo pode ser o intercessor do milagre.

15. São Benedito, homem alegre

Depoimento de contemporâneo

Afonso Mendula, nascido em Palermo, sacerdote, disse no Processo de 1626: Conheci frei Benedito e conversei com ele no tempo em que morava no Convento dos Franciscanos de Santa Maria de Jesus e eu fazia o noviciado. Frei Benedito era considerado bom religioso e homem de grandes virtudes. Assim o considerava o povo em vida e na morte tinha fama de santidade, fama que continua até hoje. No tempo que convivi com ele nunca vi nem ouvi que ele tenha praticado alguma coisa que pudesse ser chamada de má ou escandalosa. Consolava muitas pessoas atribuladas e aflitas que vinham procurá-lo e todas se sentiam aliviadas ao voltarem para casa.

Evitava conversas com pessoas do mundo; por isso evitava ir à cidade, a não ser quando o superior o mandava e então obedecia prontamente. A razão porque evitava ir a Palermo era sua grande humildade, pois, todas as vezes que aparecia nalguma rua, o povo vinha lhe beijar a mão e lhe pedir orações. Tinha um rosto sempre alegre e risonho com um permanente sorriso nos lábios. Era pacientíssimo em tudo, particularmente em suportar os defeitos e falhas de algumas pessoas.

Uma frase de São Benedito

A fé nos guia, ilumina-nos, purifica-nos, cura-nos. Quando falta a fé, falta tudo.

Alegria permanente

Todos os contemporâneos falam do rosto sempre sorridente de São Benedito. Se viam a cor negra de sua pele, viam imediatamente o brilho de seus olhos e no contorno de sua boca o permanente sorriso. Podia ele estar trabalhando na cozinha, podia estar em contemplação na igreja, podia estar impondo as mãos sobre um doente, o sorriso o acompanhava. Isto não é dito de todos os santos. Se os contemporâneos de São

Benedito acentuam seu sorriso, é porque era uma característica dele, como a cor de sua pele.

A gente se pergunta: Como pode um homem ter o rosto permanentemente alegre, se era filho de escravos; se era negro entre brancos racistas; se era analfabeto e não podia ler os textos sagrados; se não conseguira levar a vida de eremita, que era seu sonho; se não tinha sossego para rezar, porque os pobres e doentes o procuravam em grande número; se não podia fazer suas penitências sem ser observado e às vezes criticado. Era alegre exatamente por tudo isso. Benedito compreendeu que a alegria nasce bonita e viçosa da humildade e da humilhação. Porque ele queria ser o menor de todos e o servo de todos, tinha no coração e reluzia no rosto a maior das alegrias. Podia dizer como Nossa Senhora no *Magnificat*: "Exulto de alegria em Deus meu Salvador, porque olhou a humildade de seu servo".

A humildade é como o grão escondido na terra: germina forte, floresce e dá frutos; flores lindas e frutos de alegria. A alegria que nasce da humildade engrandece os gestos de caridade. Há uma frase atribuída a Jesus, mas que não está no Evangelho: "Dá duas vezes quem dá com alegria". Disse bem o papa Francisco na *Exortação Apostólica* sobre o anúncio do Evangelho: "A alegria do Evangelho enche o coração e a vida inteira daqueles que se encontram com Jesus. Com Jesus renasce sem cessar a alegria". Bendito o homem que descobrir esse segredo! E São Benedito o descobriu e o pôs em prática. Nenhum cansaço, nenhuma tristeza, nenhum vazio interior, nenhum sofrimento, nenhuma humilhação lhe tirava a alegria de rezar, de servir, de caminhar decidido por entre os trabalhos e canseiras de cada dia e, no fim de cada dia, poder dizer com o rei Davi (*1º Livro de Crônicas* 29,17): "Com alegria, Senhor, dei tudo de mim hoje!".

15. São Benedito, homem alegre

Oração a São Benedito

Ó Deus, nosso Pai, vosso servo São Benedito é conhecido como santo sempre alegre, porque tinha um sorriso permanente no rosto, mesmo quando estava trabalhando ou atendendo doentes e aflitos. Todos falam da alegria suave que fazia de seu rosto negro um rosto sereno e quase angelical. Ele aprendeu a alegria de São Francisco que afirmava só dever estar triste quem estivesse em pecado. A alegria de vosso servo São Benedito mostra que tinha um coração puro, pacífico, manso e humilde como o coração de Jesus. Vosso servo São Benedito é o modelo da pessoa que se deixou encher da alegria do Evangelho, segundo a frase de Jesus: Quero que a minha alegria esteja em vós para que a vossa alegria seja completa. Todos sabem que São Benedito fazia muita penitência, mas a penitência não tira a alegria de ninguém; todos sabem que São Benedito sofreu zombarias por ser filho de escravos negros e analfabeto, mas ele aprendeu com São Paulo alegrar-se quando considerado fraco e sem merecimentos. Em São Benedito aconteceu plenamente o que Maria dissera no *Magnificat*: O Senhor engrandeceu os pequenos e os humildes. Pela intercessão de São Benedito, Senhor, concedei-me a alegria de me sentir perdoado e amado por vós; a alegria de sempre querer bem aos que me cercam, convivem comigo ou pedem minha ajuda; a alegria de cumprir todas as minhas obrigações; a alegria de perdoar e ser perdoado; e, sobretudo, a alegria de vos servir em todos os dias da vida e escutar na hora da morte a voz de Jesus: Entra na alegria do teu Senhor! Amém!

16

SÃO BENEDITO, HOMEM CONSOLADOR

Da Bula de Canonização

"Aprovados estes milagres, todos os cardeais da Sagrada Congregação dos Ritos concordaram em propor ao louvado nosso predecessor Pio VI que o Bem-Aventurado Benedito fosse inscrito entre os santos. Pio VI, depois de muita oração e de haver implorado a ajuda do Espírito Santo, no dia 14 de setembro do mesmo ano, declarou que o Bem-Aventurado Benedito podia ser inscrito no álbum dos santos e ordenou que se preparasse o decreto de sua canonização, que ele queria celebrar o mais rápido possível. Já que aos antigos e repetidos pedidos de tantíssima gente agora se acrescentaram os pedidos incessantes de todos os cidadãos da Sicília, gente de todas as classes sociais, e, de modo particular, o pedido da Família Franciscana, e já que foram feitos todos os trâmites pela Congregação dos Santos Ritos, também a nós pareceu justo dar o definitivo consenso para a canonização do Bem-Aventurado Benedito".

Algumas explicações

Consistório é uma assembleia de cardeais convocada e presidida pelo papa para discutir assuntos de grande importância. Se a reunião for só de cardeais, é secreto. Se houver outras pessoas convidadas, é público.

Como se vê pela Bula, o processo de canonização estava pronto e aprovado pelo próprio papa em setembro de 1790 e o papa pedira rapidez. Mas a canonização só vai acontecer no dia 25 de maio de 1807.

Depoimento de um contemporâneo

Frei Bernardo de Girgenti morou quatro anos com frei Benedito e estava no convento no dia da morte dele. Disse, no processo de 1626, que frei Benedito possuía todas as virtudes, sobretudo, a caridade com as pessoas aflitas e atribuladas e tinha um dom todo especial para consolar com poucas e breves palavras, à imitação de São Francisco que, na Regra, mandara que o frade fosse breve no falar. Disse que eram multidões as que procuravam Benedito no convento, de todas as classes sociais, de todas as idades e de ambos os sexos. Vinham procurar com frei Benedito consolo para seus sofrimentos e preocupações e todos voltavam para casa consolados. Disse que o guardião, quando tinha um frade ou um noviço com problemas, costumava mandá-los a frei Benedito e frei Benedito conseguia não só confortá-los, mas também lhes dava a tranquilidade de que precisavam para perseverar na vida religiosa.

Frei Antônio de Nicósia era irmão leigo franciscano e viveu cinco anos com frei Benedito. Era porteiro e afirmou no Processo de 1626 que, de fato, chegavam à portaria muitíssimas pessoas para pedir orações, bênçãos, consolo e toda espécie de ajuda. E frei Benedito ouvia e atendia a todos e conseguia, com suas palavras simples e suaves, consolar a todos, sempre com rosto sereno e alegre, como se aquela pessoa, que estava sendo atendida, fosse a única pessoa do mundo.

16. São Benedito, Homem consolador

Já mencionamos o testemunho de frei Guilherme de Piazza, que viveu quatro anos com frei Benedito. No seu longo testemunho afirma: Além do grande amor que tinha a Deus, era ardentíssimo na caridade para com todos e procurava consolar todas as pessoas atribuladas. Eram muitas que recorriam a ele, sobretudo pobres. Eu era porteiro do convento. Um dia uma senhora pobre e idosa me pediu que eu lhe chamasse frei Benedito, porque estava atribulada e precisava de seu consolo. Pouco antes frei Benedito havia estado na portaria e falado com outra senhora. Ao despedi-la, disse-me que ia se recolher, porque não se sentia bem. Eu disse isso à pobre senhora e lhe pedi que voltasse outro dia. Mas ela insistia em chamar frei Benedito. Nesse momento ele surgiu na portaria e, com um semblante um tanto duro, repreendeu-me, porque eu estava mandando embora aquela senhora pobre. A caridade – disse ele – deve ser feita sem distinção a todos, mas em primeiro lugar a pessoas pobres como aquela senhora. Eu fiquei atônito e maravilhado, porque ninguém havia presenciado minha conversa com a senhora pobre, ninguém podia ter prevenido frei Benedito.

Uma frase de São Benedito

Como podemos estar em paz com nossos irmãos, se não estamos em paz com Deus?

O dom de consolar

A expressão "Consolador dos Aflitos" é do livro de Jó (29,25), um livro-novela sobre a presença do mal e do sofrimento na vida das criaturas. Presença difícil de se explicar. E difícil de superar. Todos temos a experiência do sofrimento, ora físico, ora psíquico, ora espiritual. Nem Maria Santíssima escapou deles. Nem mesmo Jesus. Aí está Jesus crucificado como exemplo de sofrimento físico, porque chagado e pregado numa cruz; de sofrimento psíquico, porque via sua mãe dolorosa aos pés de sua cruz; de sofrimento espiritual, tendo de aceitar a morte por vontade do Pai do Céu, aos apenas 33 anos de idade.

Exatamente aos pés da cruz encontramos os dois tipos de comportamento diante da dor dos outros: aquelas pessoas que passam indiferentes ou aquelas pessoas que zombam do sofrimento alheio ou aquelas pessoas que meneiam a cabeça e dizem "bem feito!"; e aquelas pessoas que sofrem junto com os que sofrem. Nós temos uma palavra para expressar o sentimento de sofrer junto: compaixão. Jesus teve compaixão da multidão (*Marcos* 6,34). Jesus teve compaixão da mãe-viúva de Naim (*Lucas* 7,13). Jesus teve compaixão do ladrão arrependido, pregado a seu lado no Calvário (*Lucas* 23,43). Jesus teve compaixão de sua mãe, porque iria ficar sozinha e sem proteção depois de sua morte, e a entregou aos cuidados de João (*João* 19,27).

Dessa compaixão Benedito estava cheio, porque se esforçava por imitar em tudo Jesus. E sua compaixão se transformava em consolação para os aflitos por doenças, por angústias e desesperos, por crises financeiras, pela fome e orfandade, e muitas vezes pelo sofrimento espiritual de não se sentir abençoado por Deus.

Costumamos dizer que o Espírito Santo é um espírito consolador. São Benedito tinha o dom de consolar com sua voz suave, seus olhos serenos, sua boca sorridente e, sobretudo com seu imenso carinho e respeito para com todos os necessitados de apoio. Benedito podia não ter nem dinheiro nem pão para dar. Mas tinha em abundância a palavra amiga, prudente e acertada. Deus estava em seus olhos. Deus estava em seus lábios. Deus estava em suas mãos abençoadas. Por isso São Benedito se tornou um santo consolador.

16. São Benedito, Homem consolador

Oração a São Benedito

Ó Deus, nosso Pai, que destes a São Benedito o dom de consolar os aflitos e curar os enfermos do corpo e da alma, peço-vos, pela sua segura intercessão, a paz interior e a serenidade de vida, para sempre vos servir com alegria. Que eu não sofra com o peso dos meus pecados nem com as enfermidades que me afligem. Que eu procure mais consolar do que ser consolado. Eu preciso aprender a abrir meu coração egoísta. Eu preciso aprender a virtude do acolhimento. Eu preciso aprender a virtude da compreensão. Eu preciso aprender a amar a todos sem distinção. Senhor, como estou longe de amar como vós amastes, de amar como amou São Benedito, de me preocupar com o sofrimento dos que me cercam. Ajudai-me a quebrar meu egoísmo, abrindo meu coração a todos. Que eu seja um instrumento vosso de consolação e de paz. Que eu possa mudar a tristeza de muitos em alegria, o desespero em esperança. Senhor, que eu aprenda com São Benedito a consolar e ajudar todas as pessoas necessitadas de apoio, de serenidade, de luz, de amizade e compreensão. Amém!

17
SÃO BENEDITO, HOMEM PIEDOSO

Da Bula de Canonização

"Segundo o costume da Santa Igreja Romana, no nosso consistório secreto do dia 26 de março último, o dileto filho Júlio Maria, titular de Santa Maria Minerva, cardeal presbítero Della Somaglia, nomeado prefeito da Congregação dos Santos Ritos, fez uma exposição de todos os fatos acima arrolados. Todos os cardeais deram seu beneplácito à inscrição do Bem-Aventurado Benedito no elenco dos santos. Então nós, no dia 16 de abril último, convocamos um consistório público, no qual nosso caro filho Belisário Cristaldi, advogado da causa, com um eloquente discurso, elogiou a excelência das virtudes e da santidade de vida do Bem-Aventurado Benedito. Em outro consistório semipúblico, feito na nossa presença, no dia 8 deste mês, foi dada a todos os que têm voto nesta causa, algumas páginas com a biografia, as virtudes e os milagres do Bem-Aventurado Benedito, tiradas com exatidão das atas da Sagrada Congregação e já publicadas, para que expressassem seu voto bem fundamentado. Todos os que estavam presentes (nossos veneráveis irmãos cardeais, os patriarcas, os arcebispos, os bispos – muitos deles chamados a Roma por nós das dioceses vizinhas) deram voto unânime à inscrição do Bem-Aventurado Benedito no rol dos santos. Nós mandamos que os votos todos, assinados, fossem recolhidos e guardados nos arquivos da Santa Igreja Romana. Ordenamos também que fosse redigida uma ata processual sobre todos esses fatos. Agradecemos solenemente a Deus que se dignou, por meio do nosso ministério, honrar seu servo, e marcamos o dia de sua canonização. Enquanto isto, exortamos a todos a juntar suas preces às nossas, a fazer esmolas e jejuns, para recebermos a graça celeste do Espírito Santo, para que Deus, autor de todo o bem e pai das luzes, nos assista neste importante passo e nos guie em nossa decisão."

Algumas explicações

A Bula fala em "cardeal titular". Todos os cardeais, ao serem nomeados, recebem uma igreja na diocese de Roma, e assim, passam a pertencer ao clero romano. Dom Paulo Evaristo Arns, por exemplo, ao ser nomeado cardeal em março de 1973, tornou-se titular da Igreja de Santo Antônio, na Via Tusculana, em Roma. O cardeal Cláudio Hummes é titular da Igreja de Santo Antônio, na Via Merulana.

Patriarca é um título concedido aos arcebispos de algumas cidades: Jerusalém, Veneza e Lisboa. No tempo em que foi canonizado São Benedito, eram mais as sedes que tinham o título de patriarcado.

A Bula fala em "rol dos santos". Seria o mesmo que dizer "lista dos santos" ou "catálogo dos santos" ou "álbum dos santos". O livro que contém a lista de todos os santos reconhecidos pela Igreja do Ocidente se chama *Martirológio Romano*.

Depoimento de um Contemporâneo

Frei Crisanto de Palermo, que foi noviço quando frei Benedito era guardião, aos 67 anos depôs no processo de 1626.

17. São Benedito, homem piedoso

Afirmou que nunca o viu murmurar ou dizer palavras de duplo sentido. Disse que, como guardião exortava continuamente os noviços, como era de sua obrigação, mas o fazia com muito jeito. Insistia no exercício das virtudes, sobretudo da humildade, porque era a melhor forma de afugentar ou vencer os vícios. Disse também que, quando os noviços muito cedo de madrugada iam à capela, ele já estava lá em oração.

Um dia, eu e meu companheiro – contou frei Crisanto –, voltando da cidade, como de costume batemos à porta de sua cela de guardião, para pedir a bênção e dizer que estávamos de volta. Como não respondesse a três batidas, abrimos a tramela e o vimos de joelhos. Pedimos em voz alta: "A Bênção!". Mas ele não respondeu. Fomos mais perto dele e voltamos a pedir a bênção. Ele, então, nos viu e disse: "Deus vos perdoe e vos abençoe!" Não gostou que o tivéssemos interrompido na oração, mas não se alterou conosco. Confesso que, muitas vezes, ao ver seus olhos, eles pareciam brilhar como duas luzes. Não fui o único a perceber a luz de seus olhos.

Frase de São Benedito

Fujam de quem murmura ou fala mal de outros. Se não puderem sair de perto imediatamente, rezem no coração para que Deus silencie o murmurador ou detrator.

Coração voltado para Deus

São Benedito foi um homem piedoso. Para entender isso, vou primeiro dizer o que parece piedade e não é. Não é piedosa a mulher que está sempre com o terço nas mãos, e sua língua sempre ocupada em falar da vida alheia. Não é piedoso o homem que vai à missa e todo fim de semana volta para casa bêbado. Não é piedosa a mulher que pertence a três ou quatro associações e até se chama "intercessora" e vive magoada com as que lhe fazem sombra ou não a elogiam. Não é piedoso o homem que acompanha todas as procissões e não paga o dízimo prescrito. Não é piedosa a mulher que comunga todo dia e todo o dia em casa está em pé de guerra.

Piedade é ter o coração voltado para Deus onde quer que estejamos e seja qual for o trabalho que fazemos. Se o coração está voltado para o Senhor, não pode estar voltado para a inveja e a cobiça, para a briga e o mexerico, para a tristeza e para a vaidade, para o egoísmo e o comodismo. São Pedro mostra como se pode ter o coração voltado para Deus nos meio de outras qualidades e dificuldades humanas: "Esforçai-vos o quanto possível para unir a fé à virtude, à virtude a ciência, à ciência a temperança, à temperança a paciência, à paciência a piedade, à piedade a amizade, à amizade ao amor". São Pedro conclui: "Se estas qualidades estiverem entre nós e crescerem não nos deixarão vazios e estéreis" (*2ª Carta de Pedro* 1,5-7).

Estas qualidades estão presentes na vida de São Benedito: era amigo de todos e de todas as criaturas; era paciente nos sofrimentos e tribulações; era analfabeto em letras, mas tinha a ciência divina, aprendida na contemplação da Palavra de Deus. Exercia os trabalhos mais humildes no convento, mas fazia do trabalho oração. Porque tinha o coração sempre voltado para o Senhor e não para si mesmo, para seus interesses pessoais. Dele se poderia dizer o que São Paulo aconselhava ao discípulo Timóteo, que fizesse da piedade sua profissão (*1ª Carta a Timóteo* 2,10).

Algumas outras qualidades que acompanham o homem piedoso: ele é alegre, orante, solidário, sereno, honesto, simples, desapegado, esperançoso, sensato, acolhedor, serviçal, sóbrio no falar, sóbrio no comer, sóbrio no beber, manso e humilde de coração. Todas essas qualidades estão presentes na vida de São Benedito e ele as cultivou na oração e no trabalho, na convivência com os confrades e na caridade para com o povo, que o procurava à espera de cura, de bênção, de reconciliação. Quem caminha na vida com o coração voltado para o Senhor, está na estrada da santidade.

17. São Benedito, homem piedoso

Oração a São Benedito

Ó Deus, nosso Pai, aprendi com São Benedito que não basta rezar para ser uma pessoa de piedade. Preciso ter um coração sempre voltado para vós, de tal modo que nele não possa entrar a maldade. A maldade e a piedade não conseguem morar juntas. Purificai, limpai meu coração para que ele seja ao menos como a manjedoura de Belém e vós possais repousar nele. Afastai de mim o pedregulho da ganância e da inveja, o espinheiro sufocante do egoísmo e da vaidade, o mau cheiro da luxúria e do ódio. Dai-me um coração manso e humilde, simples e confiante como era o coração de São Benedito, e assim, meu coração estará sempre voltado para vós, para acolher a vossa Palavra, para se fortalecer com a vossa presença e poder anunciar a vossa bondade a todos que estão em torno de mim. Quero que meu coração seja como o girassol. Durante o dia ele vai acompanhando o sol, bem aberto, sem se esconder da luz. Invadi meu coração com toda a luz da vossa bênção fecunda. No meu coração, iluminado por vós, não haverá lugar para o pecado. E todos os dias posso vos oferecer um coração piedoso e bom, do vosso agrado, carregado de ternura e de misericórdia. Ajude-me a intercessão poderosa de São Benedito! Amém!

18

SÃO BENEDITO, HOMEM MARIANO

Da Bula de Canonização

"Enfim, completados todos os requisitos exigidos pelo rito e prescritos pelos sacros cânones e pelo costume da Igreja, hoje, domingo da Santíssima Trindade, com os nossos irmãos cardeais da Santa Igreja, com os patriarcas e arcebispos, com os bispos e prelados da Cúria Romana, com os nossos ministros e familiares, com o clero secular e regular, feito o solene pedido, nos reunimos na Basílica do beatíssimo Pedro, príncipe dos Apóstolos, esplendidamente ornada.

Na Basílica, depois do pedido apresentado uma, duas, três vezes pelo nosso dileto filho Jnigo (Inácio) Diego Prete, cardeal da Santa Igreja Católica, do título de Santo Agostinho em Caracciolo, procurador, a favor do decreto de canonização, depois de haver recitado as orações e cantado as ladainhas e invocado o Espírito Santo para que iluminasse nossa mente e enchesse nosso coração da graça divina, em honra da santíssima e indivisível Trindade, para a grandeza da fé católica e crescimento da religião cristã, com a autoridade de Nosso Senhor Jesus Cristo, dos Bem-aventurados Apóstolos Pedro e Paulo e com o nosso poder divino mais vezes pedido a Deus, e com o conselho e opinião dos arcebispos e bispos residentes em Roma, declaramos que o Bem-Aventurado Benedito de São Filadelfo, riquíssimo de todas as virtudes e célebre pela glória dos milagres, deve ser definido como santo. Inserimo-lo no cânone dos santos, juntamente com Francisco Caracciolo, Ângela Meríci, Coleta de Boilet e Jacinta de Marescotti. Dispomos que ele seja honrado e venerado por todos os cristãos. Estabelecemos que, em todas as igrejas e altares em que se oferecem sacrifícios a Deus, seja a memória de São Benedito lembrada entre os confessores não bispos, no dia 4 de abril de cada ano.

Com a mesma autoridade concedemos, com misericórdia e em nome do Senhor, uma indulgência plenária de sete anos e sete quarentenas de jejuns ou de penitências devidas de algum modo, a todos os cristãos que, de fato arrependidos dos pecados, tendo feito a confissão e recebido a Eucaristia, visitarem, cada ano, na festa de São Benedito, o sepulcro em que repousa seu corpo.

Terminadas essas cerimônias, erguemos a Deus um hino de louvor e de glória como agradecimento. E celebramos a missa no altar-mor da Basílica em memória de São Benedito e dos quatro outros santos. Concedemos também, na forma costumeira, a indulgência plenária a todos os fiéis presentes na solene celebração. Já que vemos em São Benedito uma proteção vinda do céu, é justo que agradeçamos com humildade a Deus, pedindo que, pelos méritos e intercessão de seu Servo, livre-nos das angústias e desgraças desta vida mortal e assim nos encha de sua graça celeste, a ponto de merecer, no futuro, a felicidade eterna dos santos.

O cardeal procurador, digno de todo respeito, pediu-nos que, além de todas as atas já enviadas, decretássemos a perpétua validade às nossas Cartas Apostólicas. Atendendo a este justíssimo pedido, queremos que seja publicada esta nossa Carta. Confirmamos todas e cada uma das afirmações. E es-

18. São Benedito, homem mariano

tabelecemos que as traduções e as cópias, desde que assinadas por um escrivão público e com o selo de uma autoridade eclesiástica, tenham a mesma validade do original de nossa Carta, se forem exibidas em público.

A ninguém seja permitido quebrar ou, com temerária ousadia, pôr obstáculos a esta página da nossa decisão, decreto, anotações, mandato, estatuto e vontade. Se alguém ousar manchar-se com esta culpa, saiba que incorre na ira do Deus Onipotente e de seus Apóstolos os Bem-Aventurados Pedro e Paulo.

Dada em Roma, em São Pedro, no dia 23 de junho de 1807, oitavo ano de nosso pontificado. Pio, bispo da Igreja Católica".

Algumas explicações

Os santos canonizados junto com São Benedito foram: São Francisco Caracciolo (nascido em 1563 e falecido em 1608, o missionário dos encarcerados), Santa Ângela Meríci (nascida em 1474 e falecida em 1540, grande educadora de jovens), Santa Jacinta de Marescotti (nascida em 1585 e falecida em 1640, modelo de conversão e penitência) e Santa Coleta Boilet (também conhecida como Coleta de Corbie, nascida em 1381 e falecida em 1447. O nome Coleta é diminutivo de Nicoleta, nome que homenageia São Nicolau).

Observe-se a fórmula da declaração de um santo. É quase a mesma usada nos dias de hoje: "Em honra da santíssima e indivisível Trindade, para a grandeza da fé católica e crescimento da religião cristã, com a autoridade de Nosso Senhor Jesus Cristo, dos Bem-aventurados Apóstolos Pedro e Paulo e com o nosso poder divino ... declaramos que o Bem-Aventurado Benedito de São Filadelfo deve ser definido como santo".

Depoimento de contemporâneo

Miguel Luparello, padre franciscano, 60 anos, disse, no Processo de 1626, que conviveu com frei Benedito durante seis meses, ao entrar na Ordem no Convento de Santa Maria de

Jesus e que nunca ouviu dele uma palavra contra alguém, ou uma murmuração contra algum fato. Mas se lembra de tê-lo visto exortando os outros a bem servir Nosso Senhor. Penso – disse ele – que sua virtude maior era a fé, porque quando alguém, por devoção ou enfermidade, pedia-lhe que fizesse o sinal da cruz na testa, ele recomendava que tivesse muita fé na Mãe santíssima de Deus, que ela era também auxiliadora dos enfermos e a consoladora dos aflitos. Costumava traçar o sinal da cruz nos doentes com o óleo da lamparina acesa diante da imagem da gloriosa Virgem Maria. Exortava-nos a que, quando começássemos um trabalho, invocássemos o nome de Deus, de sua santa Mãe e de São Francisco.

Uma frase de São Benedito

Àqueles que o procuravam para ter alguma graça dizia: "Tenham fé na Mãe Santíssima e ela vos atenderá".

Maria, dulcíssima mãe

No nicho, feito de mármore colorido, onde os Frades a puseram em 1470, continua, mesmo depois da demolição do suntuoso altar, a majestosa e dulcíssima imagem de Santa Maria de Jesus, uma estátua de lenho policromo que apresenta Nossa Senhora em atitude maternal, sorrindo e olhando benigna para os filhos devotos. O relacionamento de Benedito com Maria era um relacionamento filial, de grandíssima ternura e confiança. A ela se voltava continuamente no difícil caminho da santidade. Maria o atraía, fazendo levitar seu corpo, levando-o para junto de si e depositando em seus braços o Menino Jesus. Benedito costumava atribuir a Maria os milagres que fazia.

Numa das muitas noites que passou aos pés de Maria, aconteceu um fenômeno, que revela bem o aspecto poliédrico da santidade de Benedito. Mediante a oração, a penitência e a caridade, realizava-se nele a plena conformação com Cristo, "luz verdadeira que ilumina todos os viventes". Entrando na igreja, alguns religiosos viram uma festa de luz, apesar de todas as luminárias estarem apagadas. Da fronte de frei Benedito saía um esplendor e uma luz inusitada que envolvia todo o seu corpo e enchia de luz o ambiente inteiro. Era o esplendor celestial, com que o Senhor agraciava o seu servo (*Frei Fernando Trupia, atual guardião do Convento Santa Maria de Jesus, em Palermo*).

Oração a São Benedito

Ó Deus, nosso Pai, vosso servo São Benedito ensinava a todos a devoção filial para com Maria, vossa e nossa Mãe. Aconselhava invocá-la antes de começar algum trabalho. Atribuía a ela o bem que ele fazia aos enfermos e necessitados de ajuda e consolo. Concedei-me, Senhor, por intercessão de São Benedito, uma devoção terna, constante e firme para com a vossa e minha Mãe. Sei que ela é a consoladora dos aflitos, o auxílio dos pecadores. Quero sentir a mão maternal de Maria sobre mim para vencer o pecado e a maldade, para cumprir fielmente meus deveres e caminhar com segurança e alegria no caminho da santidade. Amém!

LADAINHA DE SÃO BENEDITO

Senhor, tende piedade de nós.
Cristo, tende piedade de nós.
Senhor, tende piedade de nós.
Deus, Pai do Céu, tende piedade de nós.
Deus Filho, Redentor do mundo, tende piedade de nós.
Deus Espírito Santo, tende piedade de nós.
Santíssima Trindade, que sois um só Deus, tende piedade de nós.
Santa Maria, Mãe de Deus, rogai por nós.
São Benedito, imagem e semelhança de Deus,
São Benedito, santo da humildade,
São Benedito, santo dos milagres,
São Benedito, santo da penitência,
São Benedito, santo da fé,
São Benedito, santo da obediência,
São Benedito, santo da contemplação,
São Benedito, santo da pobreza,
São Benedito, santo da simplicidade,
São Benedito, santo da Eucaristia,
São Benedito, santo da castidade,
São Benedito, santo da caridade,
São Benedito, santo da fidelidade,

São Benedito, santo do aconselhamento,
São Benedito, santo da prudência,
São Benedito, santo cozinheiro,
São Benedito, santo da paciência,
São Benedito, santo da piedade,
São Benedito, santo da alegria,
São Benedito, santo da consolação,
São Benedito, santo modelo de vida fraterna,
São Benedito, santo filho de Maria,
São Benedito, santo filho de São Francisco,
São Benedito, santo do mundo inteiro,
São Benedito, nosso santo padroeiro,
Cordeiro de Deus, que tirais os pecados do mundo,
R/. Perdoai-nos, Senhor.
Cordeiro de Deus, que tirais os pecados do mundo,
R/. Ouvi-nos, Senhor.
Cordeiro de Deus, que tirais os pecados do mundo,
R/. Dai-nos a paz!
V/. Rogai por nós, glorioso São Benedito,
R/. Para que sejamos dignos das promessas de Cristo.

Oremos: Deus, Pai de misericórdia, que fizestes de São Benedito um modelo de caridade e de paz para todos os povos, concedei-nos, por sua intercessão, favorecer sempre a verdadeira concórdia. Por Cristo, Nosso Senhor. Amém.

BIOGRAFIA PARA DECLAMAÇÃO

Para ser declamada. Com um pouco de criatividade, a história pode ser encenada por crianças ou adolescentes.

A história de São Benedito
Vou contar para vocês:
Nascido lá na Sicília em 1526.
Seus pais queriam um filho
Mas temiam conceber
Pois sabiam que um filho de escravo
Escravo haveria de ser.
    O patrão compadecido da sua situação
    Prometera: tenham um filho,
    Prometo de coração
    Que ainda em seu ventre materno
    Será livre da escravidão.
Manifestou ainda pequeno
Com dez anos de idade
A vontade para a penitência,
Para a solidão e para a caridade.
    No exercício do pastoreio
    Entregava-se à oração,
    Pois os maus-tratos que recebia
    Naquela ocasião
    Fizeram buscar a Jesus

    Com muito mais devoção,
    Pois encontrava em Jesus Cristo
    Fonte de consolação.
Com 21 anos de idade
Humilde e trabalhador
Provia a si e aos pobres
Com humildade e amor.
Com esta mesma idade
Em público foi ofendido.
Mas a resposta de Benedito
Não passou despercebida
Pois viram naquele jovem
A imagem de Cristo refletida
Pois foi com dignidade e paciência
Que a ofensa foi recebida.
    Foi acolhido pelos eremitas,
    Penitente na solidão.
    Chegou logo à liderança
    Dos homens da oração,
    Pois tratava a todo mundo
    Com muita dedicação.
Em 1564 este grupo foi dissolvido
Mas pelos franciscanos de Palermo
Benedito foi acolhido.
Trabalhava, então, na cozinha,
Ofício por ele exercido.
    Em 1583, o grupo de franciscanos
    Precisava de um guardião
    E Benedito foi escolhido
    Para esta nova função.
        Apesar de ser leigo e analfabeto
        Benedito aceitou a missão,
        Alcançando grande sucesso
        Nesta nova função
        Pois administrava o convento
        Guiado pelo coração.

Biografia para declamação

A sabedoria de Benedito
Chamava muita atenção
Teólogos o procuravam
Buscando solução
Para os assuntos que discursavam
E não tinham direção.
    Muitas vezes Benedito
    Em momentos de oração
    Era rodeado de luz
    Esplendorosa visão
    Do santo que buscava a Cristo
    Com muito amor e devoção.
O dom de operar milagres
Por Deus lhe foi concedido
A ressurreição de dois meninos
Milagre reconhecido
A cura de cegos e surdos
Que no auge da sua aflição
Buscaram a São Benedito
E foram curados por sua oração.
    Em 1589 Benedito foi avisado
    Que a missão a ele atribuída
    Teria se completado.
    O mensageiro foi o próprio Deus
    Que teria dado o recado.
Morreu a 4 de abril
E em 1807 foi canonizado.
O santo mouro, no entanto,
Será sempre lembrado
Por trazer o Menino Jesus
Em seu colo sentado:
A própria Maria Santíssima
Que o teria colocado,
Presente da Virgem Maria
Pelo amor e devoção
E por trazer seu amado Filho
Dentro do seu coração.

(*Gilson Lima Barcelos – Vila Velha, ES, 2015*).

BIBLIOGRAFIA

San Benedetto Il Moro – Le interrogatorie del processo di Palermo (1625-1626) e di San Fratello (1626). Transcrição do manuscrito da Biblioteca Comunal de Palermo, sob os cuidados de Rosalia Claudia Giordano. Palermo 2002. 542 p.

LUDOVICO MARIA MARIANI, OFM, *San Benedetto da Palermo Il Moro Etiope nato a S. Fratello*, Kefagrafica Edizioni, 2ª edizione, Palermo 1990. 242 p.

Museu de Arte Sacra de São Paulo e Governo do Estado de São Paulo, *Benedito das Flores e Antônio do Categeró*, Imprensa Oficial, São Paulo, s/d. 142 p.

UMBERTO CASTAGNA, *Nera fonte de luce – Storia de San Benedetto Il Moro*, Biblioteca Francescana Editrice, Palermo 1990. 244 p.

Santuario Santa Maria di Gesù, Palermo. Numero speciale: Supplemento di "Voce Francescana", 2002. 16 p.

ÍNDICE

Introdução 3
Homem humilde 11
Homem milagroso 17
Homem de fé 23
Homem penitente 29
Homem obediente 35
Homem contemplativo 41
Homem pobre e simples 47
Homem eucarístico 53
Homem caridoso 59
Homem conselheiro 65
Homem prudente 71
Homem universal 77
Homem cozinheiro 83
Homem paciente 89
Homem alegre 95
Homem consolador 101
Homem piedoso 107
Homem mariano 113
Ladainha de São Benedito 119
Biografia para declamação 121
Bibliografia 125

A marca FSC® é a garantia de que a madeira utilizada na fabricação do papel deste livro provém de florestas que foram gerenciadas de maneira ambientalmente correta, socialmente justa e economicamente viável.

Este livro foi composto com as famílias tipográficas Humanst, Minion Pro e Segoe e impresso em papel Offset 75g/m² pela **Gráfica Santuário.**